Stand Upright of Northeast Asian Ancient History

동북아고대사정립

東北亞古代史正立

3

KB213187

서문(序文)

학설 121)

요(遼) 동쪽에 고려(高麗)가 접해 있다는 요사지리지(遼史地理志) 서문(序文)의 기록은 역사적 사실이다.

고려(高麗) 압록강(鴨淥江)은 현(現) 요하(遼河)를 지칭하며, 반면 한자(漢字)가 다른 압록강(鴨綠江)은 현(現) 요하(遼河)의 하천명으로 시작하여 현(現) 압록강(鴨綠江)에 이르렀다.

요(遼)와 고려(高麗) 간 국경은 현(現) 요하(遼河) 유역이다.

학설 122)

요(遼)는 고조선(古朝鮮)의 영토인 예맥(濊貊) 땅 서부 지역에서 건국되었다.

요(遼)의 건국은 접해 있던 해국(奚國)과의 합병으로 가능했으며, 해국(奚國)의 영토와 백성은 요(遼) 건국의 기반이 되었다.

학설 123)

만리장성 북쪽은 원래 고중국(古中國)의 영토가 아니다.

만리장성 북쪽에서 흉노(匈奴)와 고조선(古朝鮮) 간 국경은 현(現) 하북성(河北省) 북부 지역에 위치한 조백하(潮白河)이다.

학설 124)

현(現) 하북성(河北省) 서북부 지역은 흉노(匈奴)의 영토였고, 동북부 지역은 고조선(古朝鮮)의 영토였는데, 거란(契丹)이 두 지역을 기반으로 요(遼)를 건국했다.

학설 125)

발해국(渤海國) 멸망 후, 고려(高麗) 북쪽과 동북쪽은 여진(女眞)의 영토가 되었고, 고려(高麗) 서쪽에는 요(遼)가 위치했다.

고구려(高句麗)의 영토는 3개 지역으로 분할되어 각각 요(遼)·고려(高麗)·여진(女眞)의 영토로 승계되었다.

학설 126)

요(遼)가 편입한 발해국(渤海國)의 영토는 요양성(遼陽城), 즉 장수왕평양성(長壽王平壤城)에서 통솔한 동경요양부(東京遼陽府)의 영토와 같다.

발해국(渤海國) 멸망 후, 고려(高麗) 북쪽은 요(遼)가 아니라 여진(女眞)의 영토였다.

학설 127)

AD 698년 건국된 발해국(渤海國)은 AD 732년 이전에 이미 현(現) 요하(遼河) 서쪽 땅을 영토로 편입했다.

학설 128)

신당서(新唐書) 북적열전(北狄列傳) 발해조(渤海條)에 기록된 바다는 현(現) 요동반도(遼東半島) 서쪽에 위치한 발해(渤海)이다.

발해(渤海)에 접해 있던 옥저(沃沮)·변한(弁韓)·조선(朝鮮)은 모두 발해국(渤海國)의 영토로 편입되었다.

학설 129)

당(唐) 영주(營州) 서남쪽에 위치한 요(遼) 중경(中京)은 당(唐) 영주(營州)와 더불어 현(現) 난하(灤河) 서쪽에 위치한다.

요사지리지(遼史地理志)에 요(遼)의 영토가 '동쪽으로는 해(海)에 이른다'고 기록되어 있는데, 여기서의 해(海)는 바다가 아니라 현(現) 요하(遼河)를 지칭한다.

학설 130)

당(唐) 영주(營州)와 현(現) 요양시(遼陽市)에 위치한 고구려(高句麗)의 마지막 수도인 장안성(長安城) 간 거리는 1,480리(里)이다.

학설 131)

요사지리지(遼史地理志)에 의하면 요(遼)의 영토는 동서로 3,000리(里)이다.

당(唐) 영주(營州)를 기준으로 서쪽 한계는 1,700리(里) 전후 지점에 위치한 서하(西夏)와의 국경이며, 동쪽 한계는 1,300리(里) 전후 지점에 위치한 현(現) 요하(遼河)이다.

학설 132)

발해국(渤海國) 왕성(王城)에서 당(唐) 영주(營州)까지의 거리는 2,180리(里)이다.

당(唐) 영주(營州)는 현(現) 난하(灤河) 서쪽에 위치한다.

거용새(居庸塞)는 역수(易水) 서쪽 태행산맥(太行山脈)에 위치한 연장성서단(燕長城西端) 조양(造陽)에서 동북쪽으로 현(現) 영정하(永定河)까지 축성된 장성으로 노룡새(盧龍塞)와 함께 연장성(燕長城)의 일부이다.

노룡새(盧龍塞)는 현(現) 영정하(永定河)에서 당(唐) 평주(平州) 북쪽, 즉 연장성동단(燕長城東端) 양평현(襄平縣) 북쪽까지 축성된 장성으로 거용새(居庸塞)와 함께 연장성(燕長城)의 일부이다.

한(漢) 어양군(漁陽郡) 노룡새(盧龍塞)의 출구는 고북구(古北口)로, 고북구(古北口) 남쪽에는 백단현(白檀縣)이 위치하는데 단주(檀州)로 승계되었다.

반면, 조조(曹操)의 군대는 한(漢) 우북평군(右北平郡) 노룡새(盧龍塞)의 출구를 나간 후에 백단(白檀)을 지났으므로 두 백단(白檀)은 위치한 곳이 다르다.

당태종(唐太宗)이 고생한 요택(遼澤)은 북쪽으로 예맥(濊貊) 땅 서부 지역 중 거란(契丹)이 거주한 요택(遼澤)과 연결되어 있으며, 예맥(濊貊) 땅 서부 지역의 요택(遼澤)은 동쪽으로 요하(遼河)와 접해 있다.

요(遼) 시기, 대요수(大遼水)에서 개칭된 요하(遼河)는 현(現) 난하(灤河)이다.

현(現) 난하(灤河) 서쪽에 위치한 유성현(柳城縣)의 참류수(參柳水)가 북쪽으로 흘러 요(遼) 상경(上京) 남쪽 '예맥(濊貊) 땅 해(海)'에 입해(入海)하기 때문에 요(遼) 상경(上京) 또한 현(現) 난하(灤河) 서쪽에 위치한다.

요사지리지(遼史地理志)에 기록된 니하(泥河) 또는 한우락수(蓒芋濼水)라는 별칭을 가지고 있는 패수(浿水)는 전한낙랑군패수(前漢樂浪郡浿水)이다.

의무려산(醫巫閭山)은 바다에서 북쪽으로 멀리 떨어져 있다.

의무려산(醫巫閭山) 남단(南端)에서 남쪽 방향으로 130리(里) 지점이 낙랑서해(樂浪西海)가 시작되는 곳이다.

학설 140)

고중국(古中國)과 고구려(高句麗) 또는 발해국(渤海國) 간 국경은 현(現) 난하(灤河) 서쪽의 의무려산(醫巫閭山)이다.

요(遼)의 중경(中京)과 동경(東京) 간 경계도 의무려산(醫巫閭山)이다.

학설 141)

당장성(唐長城)은 한(漢) 어양군(漁陽郡)의 출구인 고북구(古北口)와 한(漢) 요서군(遼西郡)의 출구인 송정관(松亭關) 그리고 우갈석(右碣石)으로 이어지는 장성이다.

학설 142)

당(唐) 동도(東都) 낙양(洛陽)에서 규주(媯州) 치소를 거쳐가는 여정에는 당장성(唐長城)이 낙양(洛陽)에서 2,000리(里) 지점에 위치한다.

학설 143)

당(唐) 동도(東都) 낙양(洛陽)에서 규주(媯州) 치소를 거쳐가는 여정에는 한(漢) 상곡군(上谷郡) 치소이자 흉노(匈奴) 동방(東方) 영토의 치소였던 저양성(沮陽城)이 낙양(洛陽)에서 2,030리(里) 지점에 위치한다.

학설 144)

당(唐) 동도(東都) 낙양(洛陽)에서 1,910리(里) 지점에 위치한 규주(媯州) 치소는 현(現) 영정하(永定河) 남쪽에 위치한다.

학설 145)

거용새(居庸塞)의 출구인 거용관(居庸關)은 원래 현(現) 영정하(永定河) 남쪽에 위치했다.

하북성(河北省)의 명장성(明長城)은 당장성(唐長城) 북쪽에 축성되었다.

그 결과, 거용관(居庸關)이나 고북구(古北口)와 같은 장성의 행정명들은 명장성(明長城)을 따라 원래 위치보다 북쪽으로 이동했다.

북쪽으로 이동한 행정명을 기준으로 역사지명을 비정한 결과, 현(現) 하북성(河北省) 북부 지역은 역사지명의 비정이 대부분 거짓이다.

학설 147)

당(唐) 동도(東都) 낙양(洛陽)에서 단주(檀州) 치소를 거쳐가는 여정에는 당장성(唐長城)의 출구인 고북구(古北口)가 낙양(洛陽)에서 1,984리(里) 지점에 위치한다.

학설 148)

당(唐) 동도(東都) 낙양(洛陽)에서 단주(檀州)와 고북구(古北口)를 거쳐가는 여정에는 요(遼) 중경대정부(中京大定府)가 낙양(洛陽)에서 2,634리(里) 지점에 위치한다.

고북구(古北口)와 요(遼) 중경(中京) 간 거리는 650리(里)이다.

학설 149)

단주(檀州)의 영토는 현(現) 자금성(紫禁城) 북쪽 인접한 곳에서부터 북경시(北京市) 북부 지역의 본격적인 산악지대가 시작되는 곳까지이며, 단주(檀州) 치소는 현(現) 자금성(紫禁城) 북쪽 인접한 곳에 위치한다.

학설 150)

요(遼) 연경(燕京)은 당(唐) 계성(薊城) 북쪽 84리(里) 지점에 위치한다.

연경(燕京)이 계성(薊城) 북쪽 84리(里) 지점에 위치했으므로 계현(薊縣) 북쪽에 위치한 새로운 현(縣)이라는 의미를 부여하기 위해 계현(薊縣)에 북(北)을 추가하여 계북현(薊北縣)으로 개칭하였다.

학설 151)

당(唐) 동도(東都) 낙양(洛陽)에서 연경(燕京)을 거쳐가는 여정에는 당장성(唐長城) 동북방 출구인 송정관(松亭關)이 낙양(洛陽)에서 2,134리(里) 지점에 위치한다.

당(唐) 동도(東都) 낙양(洛陽)에서 연경(燕京)과 송정관(松亭關)을 거쳐가는 여정에는 요(遼) 중경(中京)이 낙양(洛陽)에서 2,734리(里) 지점에 위치한다.

송정관(松亭關)과 요(遼) 중경(中京) 간 거리는 600리(里)이다.

송(宋) 시기까지 고북구(古北口)의 위치는 현(現) 북경시(北京市) 북부 지역의 본격적인 산악지대가 시작되는 곳으로, 현(現) 고북구(古北口) 서남쪽에 위치했다.

고북구(古北口)는 연경성(燕京城) 북쪽 300리(里) 지점에 위치하며, 송정관(松亭關)은 연경성(燕京城) 정동(正東)에서 약간 북쪽에 위치한다.

당장성(唐長城)은 고북구(古北口)에서 송정관(松亭關)까지 서쪽에서 동쪽 방향이 아니라 동남쪽 방향으로 축성된 장성이다.

송(宋) 시기, 고북구(古北口) 남쪽 300리(里) 지점에 위치한 연경성(燕京城)을 기준으로 정동(正東)에서 약간 북쪽에 위치한 송정관(松亭關)까지의 거리가 450리(里)라면, 송정관(松亭關)은 천진시(天津市) 북부 지역을 벗어날 수 없다.

따라서 송(宋) 시기까지의 송정관(松亭關)은 현(現) 천진시(天津市) 북부 지역에 위치했다.

당(唐) 계주(薊州) ➡ 당(唐) 시기의 난하(灤河) ➡ 당장성(唐長城)의 동북방 출구인 송정관(松亭關)이 서쪽에서 동쪽 방향으로 위치한다.

당장성(唐長城) 내에서 흐르는 유수(濡水)에서 개칭된 난하(灤河)와 당장성(唐長城) 동쪽 관문인 유림관(楡林關)에서 동쪽 멀리 떨어진 곳에 위치한 현(現) 난하(灤河)는 동일한 하천이 아니다.

당(唐) 평주(平州) 임유현(臨渝縣)은 당산시(唐山市)의 만리장성동단(萬里長城東端)에 위치한 첫 번째 임유현(臨渝縣)이 아니라 당장성(唐長城) 내 천진시(天津市)에 위치한 두 번째 임유현(臨渝縣)이다.

당(唐) 동도(東都) 낙양(洛陽)에서 평주(平州) 치소를 거쳐가는 여정에는 당장성동단(唐長城東端) 동북방 출구인 송정관(松亭關)이 낙양(洛陽)에서 2,100리(里) 전후 지점에 위치한다.

학설 159)

진(晉)은 진장성(晉長城)을 기준으로 서남쪽에는 요서군(遼西郡)을 설치했으며, 동북쪽에는 평주(平州)를 설치했다.

학설 160)

수(隋)는 수장성(隋長城)을 기준으로 서남쪽에는 북평군(北平郡)을 설치했으며, 동북쪽에는 요서군(遼西郡)을 설치했다.

학설 161)

당(唐)은 당장성(唐長城)을 기준으로 서남쪽에는 평주(平州)를 설치했으며, 동북쪽에는 영주(營州)를 설치했다.

학설 162)

당장성(唐長城), 연장성(燕長城), 진장성(晉長城)의 동단(東端)은 동일한 위치이며, 현(現) 하북성(河北省) 천진시(天津市)에 위치한다.

학설 163)

당장성(唐長城)의 종점(終點)인 우갈석(右碣石)은 당시의 황하(黃河)가 입해(入海)했던 창해(滄海)에 위치했다.

창해(滄海)는 지금은 육지가 되어버린 현(現) 천진시(天津市) 남부 지역이다.

학설 164)

고조선(古朝鮮)에 의해 만리장성의 임유관(臨渝關)이 소멸된 후, 유림관(榆林關)은 명장성(明長城)의 산해관(山海關)이 축성될 때까지 고중국(古中國) 영토 내에서 가장 동쪽에 위치한 장성의 관문이었다.

학설 165)

통전(通典)에 '고구려(高句麗)의 영토 내에 위치했다'고 기록된 좌갈석(左碣石)은 만리장성동단(萬里長城東端) 임유현(臨渝縣) 갈석산(碣石山)이며, 현(現) 하북성(河北省) 당산시(唐山市) 동부 지역에 위치한다.

8

연요동(燕遼東)은 현(現) 천진시(天津市)이다.

연요동(燕遼東) 동쪽 경계이자 한(漢)과 고조선(古朝鮮) 간 국경인 패수(浿水)는 천진시(天津市) 동북부 경계이다.

학설 167)

당장성(唐長城)은 고중국(古中國)의 내지와 이민족(異民族)의 영역을 구분하는 경계선이었다.

학설 168)

명장성(明長城) 축성 이후, 현(現) 당산시(唐山市)와 진황도시(秦皇島市)가 고중국(古中國)의 내지로 편입되었다.

고중국(古中國)의 내지가 동북쪽으로 확장된 만큼 당장성(唐長城) 내에 위치했던 행정명들도 동북쪽으로 이동했다.

학설 169)

계성(薊城)이 치소인 광양군(廣陽郡)은 현(現) 영정하(永定河) 남쪽에 위치한다.

광양군(廣陽郡)은 인구수가 70,658명에 불과하며, 거용관(居庸關)을 방어하는 거용새(居庸塞) 동남쪽에 접한 변방(邊防)의 군(郡)이다.

학설 170)

연(燕)의 수도였던 계성(薊城)은 현(現) 영정하(永定河)에서 서남쪽으로 140리(里) 이상 떨어진 지점에 위치한다.

현(現) 영정하(永定河) 서쪽 지류인 습여수(濕餘水)가 흐르는 거용관(居庸關) 또한 영정하(永定河) 서남쪽에 위치한다.

학설 171)

고수(沽水)는 현(現) 백하(白河)가 아니라 현(現) 영정하(永定河)이다.

학설 172)

북위(北魏) 시기의 계성(薊城)은 한(漢) 시기의 계성(薊城)과 동일한 위치이다.

거용새(居庸塞)는 연(燕) 서북쪽에 위치한 흉노(匈奴)를 방어하기 위한 장성이었으며, 노룡새(盧龍塞)는 연(燕)이 북쪽으로 밀어낸 동호(東胡)를 방어하기 위한 장성이었고, 요동고새(遼東故塞)는 연(燕)이 동쪽으로 밀어낸 고조선(古朝鮮)을 방어하기 위한 장성이었다.

학설 174)

연장성(燕長城) 축성 후, 고중국(古中國)은 북경시(北京市) 남부 지역과 천진시(天津市)를 내지로 탈바꿈 시켰다.

학설 175)

연(燕)이 설치한 5군(郡)은 우리가 일반적으로 인식하고 있는 군(郡)이 아니라 연장성(燕長城)을 방어하기 위한 변방의 요새(要塞)였다.

학설 176)

연장성서단(燕長城西端) 조양(造陽)에는 한(漢) 탁군(涿郡)에 속한 고안현(故安縣)이 설치되었다.

학설 177)

수(隋) 시기, 탁현(涿縣)이라는 행정명이 동북쪽으로 이동하여 현(現) 탁주시(涿州市)에 안착했다.

더불어 한(漢) 우북평군(右北平郡) 및 진(晉) 북평군(北平郡) 속현이었던 토은현(土垠縣)은 계현(薊縣)으로 개칭되었다.

학설 178)

수(隋) 시기, 계현(薊縣)이라는 행정명이 동북쪽으로 300리(里)를 이동했다.

두 번째 계성(薊城)은 전국칠웅(戰國七雄) 연(燕)의 수도 계성(薊城) 동북쪽에 위치한다.

학설 179)

동북쪽으로 이동해 온 두 번째 계성(薊城)인 수(隋)·당(唐) 시기의 계성(薊城)은 현(現) 북경시(北京市) 대흥구(大興區) 내에 위치했다.

학설 180)

현(現) 북경시(北京市) 자금성(紫錦城)이 축성된 곳은 연경(燕京)이 아니라, 연경(燕京) 북쪽에 위치한 순주(順州)이다.

학설 181)

수(隋)·당(唐) 시기의 두 번째 계성(薊城)은 현(現) 북경시(北京市) 자금성(紫禁城) 남쪽 174리
(里) 지점에 위치한다.

학설 182)

현(現) 난하(灤河) 유역의 고죽성(孤竹城)과 조선성(朝鮮城)은 가짜이다.

고죽성(孤竹城)과 조선성(朝鮮城)은 현(現) 조백하(潮白河) 유역에 위치해야 한다.

학설 183)

한(漢) 어양군(漁陽郡) 어양현(漁陽縣) 치소 어양성(漁陽城)은 현(現) 북경시(北京市) 자금성
(紫禁城) 서쪽에 위치했다.

학설 184)

옹노현(雍奴縣) 서북쪽에서 동쪽으로 흐르는 포구수(鮑丘水)에 북쪽에서 합류한 구하(泃河)의
발원지인 한(漢) 우북평군(右北平郡) 무종현(無終縣) 치소 무종성(無終城)은 현(現) 북경시(北京
市) 자금성(紫禁城) 서남쪽에 위치했다.

학설 185)

한(漢) 어양군(漁陽郡)의 12개 속현은 모두 노룡새(盧龍塞)의 출구인 고북구(古北口) 남쪽에 위
치하고 있다.

학설 186)

현(現) 북경시(北京市) 서부 지역은 산융(山戎)의 영토였다.

제(齊)와 연(燕)의 연합군이 산융(山戎)을 멸망시킨 BC 664년까지 연(燕)의 영토는 현(現) 북경
시(北京市) 중심지에 이르지 못했다.

학설 187)

어양군(漁陽郡)과 우북평군(右北平郡)은 산융(山戎)의 영토였던 현(現) 북경시(北京市)에 위치
했으며, 북경시(北京市) 동쪽에 위치한 현(現) 천진시(天津市) 북부 지역은 산융(山戎) 동쪽에 접
해 있던 고죽국(孤竹國)의 영토였다.

고죽국(孤竹國)의 영토는 한(漢) 요서군(遼西郡) 서부 지역으로 승계되었다.

동북아고대사정립 東北亞古代史正立

학설 188)

진(晉) 시기, 우북평군(右北平郡)과 우북평성(右北平城)이라는 행정명은 역사속으로 사라졌으며, 각각 북평군(北平郡)과 북평성(北平城)으로 개칭되었다.

진(晉) 북평군(北平郡) 치소 북평성(北平城)은 후한(後漢) 기준척(基準尺)으로 낙양(洛陽) 동북 2,300리(里) 지점에 위치한다.

학설 189)

포구수(鮑丘水)가 동쪽으로 흐르는 우북평군(右北平郡) 토은현(土垠縣)의 영토는 현(現) 북경시(北京市) 남부 지역에 위치한다.

학설 190)

진(晉) 시기, 현(現) 북경시(北京市) 남부 지역에 위치한 북평성(北平城), 즉 토은현(土垠縣)은 현(現) 보정시(保定市)에 위치한 유주(幽州) 치소 탁성(涿城)에서 후한(後漢) 기준척(基準尺)으로 동북쪽 500리(里) 지점에 위치한 요충지였다.

학설 191)

북위(北魏) 시기, 현(現) 북경시(北京市)에서 사용되던 북평군(北平郡)이라는 행정명이 유수(濡水)가 흐르는 연요동(燕遼東)으로 이동했다.

북위(北魏) 북평군(北平郡) 치소 조선성(朝鮮城)은 현(現) 천진시(天津市)에 위치한다.

학설 192)

원래의 북평군(北平郡)을 병합한 북위(北魏) 어양군(漁陽郡)의 영토는 현(現) 북경시(北京市) 남부 지역과 북경시(北京市) 남쪽 옹노현(雍奴縣) 일대이다.

북위(北魏) 시기까지 북경시(北京市)는 여전히 고중국(古中國)의 변방이었다.

학설 193)

수(隋) 시기, 현(現) 북경시(北京市) 자금성(紫禁城) 남쪽 174리(里) 지점에 위치한 토은현(土垠縣) 북평성(北平城)은 계성(薊城)으로 개칭되었다.

학설 194)

한(漢) 어양현(漁陽縣)은 수(隋) 안락군(安樂郡) 치소 연락현(燕樂縣)으로 승계되었다.

한(漢) 우북평군(右北平郡) 무종현(無終縣)과 서무현(徐無縣)의 영토는 자금성(紫禁城)이 축성된 순주(順州)의 영토로 승계되었다.

자금성(紫禁城) 기준 무종성(無終城)은 서남쪽에, 서무성(徐無城)은 동남쪽에 위치한다.

'갈석산(碣石山)이 한(漢) 낙랑군(樂浪郡) 수성현(遂成縣)에 있다'는 통전(通典)의 기록은 진(晉) 낙랑군(樂浪郡)을 한(漢) 낙랑군(樂浪郡)으로 잘못 기록한 오기(誤記)이다.

난주(灤州)는 요(遼) 남경석진부(南京析津府) 속주(屬州)이기 때문에 난주(灤州) 난하(灤河)는 당장성(唐長城) 내에서 흐른다.

요(遼) 남경석진부(南京析津府)에서 흐르는 난하(灤河)와 요(遼) 동경요양부(東京遼陽府)에서 흐르는 현(現) 난하(灤河)는 동일한 하천이 될 수 없다.

조조(曹操)가 포구수(鮑丘水)를 활용하여 보정시(保定市)에서 천진시(天津市) 북부 지역까지 연결되는 신하고독(新河故瀆)을 만들었다.

수경주(水經注)에 의하면 신하고독(新河故瀆)은 유수(濡水)를 끊고 천진시(天津市) 바다에 입해(入海)했기 때문에 신하고독(新河故瀆)이 관통한 유수(濡水)는 현(現) 난하(灤河)가 아니라 조백하(潮白河)이다.

유수(濡水)가 입해(入海)한 창해(滄海)는 현(現) 천진시(天津市) 남부 지역이다.

한(漢) 시기, 해일(海溢)이 발생해 류현(絫縣) 갈석산(碣石山)은 창해(滄海)에 잠겼으며, 바위섬처럼 바다에 떠있는 모습이었다.

서무산노룡새(徐無山盧龍塞) 출구는 현(現) 조백하(潮白河) 서쪽에 위치하며, '조조(曹操)의 북정(北征)은 희봉구관(喜峰口關)에서 조양시(朝陽市)까지'라는 한중일학계(韓中日學界)의 통설(通說)은 역사적 사실이 아니다.

조조(曹操)의 북정(北征)은 현(現) 북경시(北京市) 동남부 지역에서 현(現) 승덕시(承德市) 서부 지역에 위치한 유성현(柳城縣)까지이다.

서문(序文)

목차

第11章

논문(論文)
요(遼) 5경(京) 영토고표(領土考表)

요(遼) 5경(京) 영토고표(領土考表)

본 연구의 목적은 요(遼)의 영토와 고조선(古朝鮮)·고구려(高句麗)·고려(高麗)의 영토 간 연관성을 살펴보기 위하여 요(遼) 5경(京) 영토고표(領土考表)를 작성하는 것이다.

요(遼) 5경(京)은 상경임황부(上京臨潢府)·중경대정부(中京大定府)·동경요양부(東京遼陽府)·남경석진부(南京析津府)·서경대동부(西京大同府)이다.

본 논문에서 상경(上京)·중경(中京)·동경(東京)·남경(南京)·서경(西京)은 각각 요(遼) 5경(京)의 약칭으로 간주한다.

第 1 節
연구 범위 및 구성

요(遼)의 정사서(正史書)는 요사(遼史)이다.

요사(遼史)는 본기(本紀) 30권, 지(志) 32권, 표(表) 8권, 열전(列傳) 45권, 국어해(國語解) 1권으로 구성되어 있다.

AD 1343년에 편찬을 시작한 요사(遼史)는 놀랍게도 1년 뒤인 AD 1344년에 완성되었다.

요사(遼史)의 편찬자는 원(元)의 승상(丞相) 몽고인(蒙古人) 탈탈(脫脫)로 금사(金史)와 송사(宋史)의 편찬자이기도 하다.

요사(遼史)·금사(金史)·송사(宋史)는 동시에 편찬되었다.

원(元) 황제의 명령으로 짧은 기간 내에 편찬된 요사(遼史)는 금사(金史) 및 송사(宋史)와 더불어 오류가 많다.

그럼에도 불구하고 요사(遼史)는 확보한 사료에 '주관적인 역사관' 또는 '잘못 알고 있는 역사지식'을 보태어 가공하고 편집할 시간이 없어서인지 확보한 사료를 그대로 수록한 경우가 많은데, '요(遼) 동경(東京)은 평양성(平壤城)'이라는 기록이 대표적이다.

당(唐)의 역사 왜곡에 발맞춰 정리될 기회가 없었던 요사(遼史)는, 이처럼 본 연구자에게 있어 오히려 사료적(史料的) 가치가 높다.

사서(史書)의 오류는 바로잡으면 된다.

반면, 편찬자의 '주관적인 역사관' 또는 '잘못 알고 있는 역사지식'을 바탕으로 사서(史書)가 정리되면 역사적 사실이 왜곡되기 쉽다.

어렵지 않게 바로잡을 수 있는 오류와 달리 왜곡된 역사를 바로잡는 일에는 많은 연구가 필요하다.

이러한 이유로 본 연구자는 당(唐)의 역사 왜곡을 바로잡는 역할로 요사(遼史)의 사료적(史料的) 가치를 매우 높게 평가한다.

본 연구자가 완성도 높은 신당서(新唐書)보다 비교적 완성도가 떨어지는 구당서(舊唐書)의 사료적(史料的) 가치를 오히려 더 높게 평가하는 것도 같은 이유이다.

본 연구자는 먼저 요사지리지(遼史地理志)의 서문(序文)에서 요(遼)의 영토에 관한 기본 지식을 습득하여 요(遼) 5경(京) 영토고표(領土考表) 초안(草案)을 작성하고자 한다.

이어서 요사지리지(遼史地理志)에 수록된 요(遼) 5경(京)에 대한 기록들을 연구하여 요(遼) 5경(京) 영토고표(領土考表) 완성본(完成本)을 작성하고자 한다.

요사지리지(遼史地理志)의 기록 중 명확하지 않은 부분은 요사(遼史)의 기록으로 보완하고, 부족한 부분은 구당서(舊唐書)와 신당서(新唐書)를 중심으로 연구하여 보충하고자 한다.

第2節
요사지리지(遼史地理志) 서문(序文) 연구

1. 요사지리지(遼史地理志) 서문(序文)의 초반부

요사지리지(遼史地理志) 서문(序文)의 초반부에 의하면

> 太祖 起臨潢 建皇都 東併渤海 得城邑之居百有三 太宗立晉
>
> 有幽涿檀薊順營平蔚朔雲應新嬀儒武寰十六州 東朝高麗 西臣夏國
>
> 南子石晉而兄弟趙宋吳越南唐 航海輸貢 嘻 其盛矣
>
> 태조(太祖)는 임황(臨潢)에서 일어나 황도(皇都)를 건설했고, 동쪽으로
>
> 발해국(渤海國)을 병탄(竝呑)하여 성읍(城邑) 103개를 얻었다.
>
> 태종(太宗)은 진(晉)을 세웠다. 유주(幽州) · 탁주(涿州) · 단주(檀州) · 계주(薊州) · 순주
>
> (順州) · 영주(營州) · 평주(平州) · 울주(蔚州) · 삭주(朔州) · 운주(雲州) · 응주(應州) ·
>
> 신주(新州) · 규주(嬀州) · 유주(儒州) · 무주(武州) · 환주(寰州)로 16개 주(州)이다.
>
> 동쪽에 왕조(王朝) 고려(高麗)가 있고, 서쪽에 신하국(臣下國)인 하국(夏國)이 있다.
>
> 남쪽의 아들 석경당(石敬瑭) 진(晉)과 형제국(兄弟國)인 조송(趙宋) · 오월(吳越) ·
>
> 남당(南唐)은 바다를 통해 공물을 실어왔다. 아 그 성세(盛勢)여.

임황(臨潢)에서 건국된 요(遼)는 발해국(渤海國)을 병탄(竝呑)하여 성읍(城邑) 103개를 자국의 영토로 편입시키며 강국이 되었다.

발해국(渤海國)의 성읍(城邑) 103개는 모두 고구려(高句麗)의 영토였다.

한중일학계(韓中日學界)의 통설(通說)에 의하면 요(遼)의 영토는 동쪽으로 한반도동해(韓半島東海)에 이르렀다.

이러한 이유로 고려(高麗)는 요(遼) 동쪽이 아니라 남쪽에 접해 있는 국가로 역사지도에 그려진다.

하지만 이는 역사적 사실이 아니다.

반면, 요(遼) 동쪽에 고려(高麗)가 접해 있다는 요사지리지(遼史地理志) 서문(序文)의 기록은 역사적 사실이다.

고려(高麗) 압록강(鴨淥江)은 현(現) 요하(遼河)를 지칭하며, 반면 한자(漢字)가 다른 압록강(鴨綠江)은 현(現) 요하(遼河)의 하천명으로 시작하여 현(現) 압록강(鴨綠江)에 이르렀다.

요(遼)와 고려(高麗) 간 국경은 고정되지 못한 채 자주 변경되었는데, 한 문장으로 정리하면 현(現) 요하(遼河) 유역이다.

학설 121)

요(遼) 동쪽에 고려(高麗)가 접해 있다는 요사지리지(遼史地理志) 서문(序文)의

기록은 역사적 사실이다.

고려(高麗) 압록강(鴨淥江)은 현(現) 요하(遼河)를 지칭하며, 반면 한자(漢字)가 다른

압록강(鴨綠江)은 현(現) 요하(遼河)의 하천명으로 시작하여

현(現) 압록강(鴨綠江)에 이르렀다.

요(遼)와 고려(高麗) 간 국경은 현(現) 요하(遼河) 유역이다.

요사지리지(遼史地理志) 서문(序文)에서 한 가지 특이한 점은, 당시 해국(奚國)이 현(現) 하북성(河北省) 북부 지역에 위치한 유일한 국가였음에도 불구하고 이에 대한 기록이 전혀 나타나지 않는다는 것이다.

서문(序文)만 놓고 보면 해국(奚國)의 존재 자체가 완전히 누락되어 있다.

동북아고대사정립 1의 학설 50) 에 의하면

요(遼)는 예맥(濊貊) 땅 서부 지역에 상경(上京)을 설치하며 건국했다.

요(遼)는 진요동(秦遼東)에 중경(中京), 낙랑(樂浪) 땅에 동경(東京)을 설치하고,

국력(國力)을 신장(伸張)한 후, 고중국(古中國)의 영토 내에 남경(南京)과 서경(西京)을

설치하였으므로 고조선(古朝鮮)에 대해 계승의식(繼承意識)을 가지고 있었다.

요(遼)는 임황(臨潢), 즉 고조선(古朝鮮)의 영토인 예맥(濊貊) 땅 서부 지역에서 건국되었지만 접해 있던 해국(奚國)과의 합병으로 건국이 가능했으며, 해국(奚國)의 영토와 백성은 요(遼) 건국의 기반이 되었다.

'태종(太宗)이 진(晉)을 세웠다'는 기록은 요(遼)가 고중국(古中國) 왕조(王朝)인 후진(後晉)의 건국을 도와주었던 역사적 사실을 함축한 표현이다.

AD 936년, 후당(後唐) 하동절도사(河東節度使) 석경당(石敬瑭)은 요(遼)로부터 군사원조(軍事援助)를 받아 후당(後唐)을 멸망시켰다.

이후 석경당(石敬瑭)은 후당(後唐)을 승계하여 후진(後晉)을 건국했다.

AD 937년, 석경당(石敬瑭)의 후진(後晉)은 군사원조(軍事援助)에 대한 대가로 요사지리지(遼史地理志) 서문(序文)에 기록된 연운십육주(燕雲十六州)를 요(遼)에 할양(割讓)했다.

게다가 석경당(石敬瑭)은 10살이나 어린 요(遼) 태종(太宗)을 아버지 황제로 섬기고 매년 비단 30만필을 바치겠다는 조약을 체결했다.

이러한 이유로 요(遼)는 후진(後晉)을 '요(遼) 태종(太宗)의 아들 석경당(石敬瑭)의 진(晉)'이라고 기록한 것이다.

요(遼) 서쪽에는 요(遼)의 무력에 굴복하여 신하국(臣下國)이 된 하국(夏國)이 위치했다.

이하, 하국(夏國)을 서하(西夏)라 칭한다.

2. 요(遼) 건국지에 관한 한중일학계(韓中日學界)의 통설(通說)

한중일학계(韓中日學界)의 통설(通說)에 의하면 '흉노(匈奴)의 동쪽 국경은 요수(遼水)'이다.

고구려(高句麗) 멸망 이전에 편찬된 사료를 대체적으로 신뢰하는 본 연구자는 흉노(匈奴)의 동쪽 국경이 요수(遼水)라는 통설(通說)에 동의한다.

다만, 한중일학계(韓中日學界)는 '현(現) 요하(遼河)가 요수(遼水)'라고 주장하는 반면, 본 연구자는 '현(現) 조백하(潮白河)가 요수(遼水)'라고 주장하고 있다.

사기(史記) 흉노열전(匈奴列傳)에 의하면 흉노(匈奴)는 동쪽으로 예맥조선(濊貊朝鮮)과 접해 있으며, 예맥조선(濊貊朝鮮)은 고조선(古朝鮮)의 일부이다.

만리장성 북쪽은 원래 고중국(古中國)의 영토가 아니며, 만리장성 북쪽에서 흉노(匈奴)와 고조선(古朝鮮) 간 국경은 현(現) 하북성(河北省) 북부 지역에 위치한 조백하(潮白河)이다.

> **학설 123)**
> 만리장성 북쪽은 원래 고중국(古中國)의 영토가 아니다.
> 만리장성 북쪽에서 흉노(匈奴)와 고조선(古朝鮮) 간 국경은 현(現) 하북성(河北省)
> 북부 지역에 위치한 조백하(潮白河)이다.

'요(遼)의 건국지는 고구려(高句麗)의 영토에서 서북쪽으로 멀리 떨어져 있다'는 것이 한중일학계(韓中日學界)의 통설(通說)이다.

통설(通說)이 옳다면 요(遼)는 고조선(古朝鮮)이 아니라 흉노(匈奴)의 영토에서 건국되었으니 고조선(古朝鮮)과 관련된 요사(遼史)의 기록들은 모두 거짓이다.

반면, **학설123)** 이 역사적 사실이라면 고조선(古朝鮮)과 관련된 요사(遼史)의 기록들은 모두 참이다.

학설123) 이 옳은지에 대한 여부는 본 논문의 결론으로 자연스럽게 논증될 것이다.

학설123) 에 의하면 고조선(古朝鮮)의 서북방 한계는 현(現) 하북성(河北省) 동북부 지역 및 내몽고자치구(內蒙古自治區) 동남부 지역이다.

요사지리지(遼史地理志) 서문(序文)에 '요(遼)는 동쪽으로 발해국(渤海國)을 병탄(幷吞)하여 성읍(城邑) 103개를 얻었다'고 기록되어 있다.

성읍(城邑) 103개가 발해국(渤海國)의 모든 영토를 지칭하는 것이라면, 고려(高麗)는 요(遼) 동쪽이 아니라 남쪽에 접해 있는 국가가 될 수밖에 없다.

고려(高麗)의 영토를 기준으로 북쪽 지역은 고조선(古朝鮮) ➡ 고구려(高句麗) ➡ 발해국(渤海國)의 영토로 승계되었기 때문이다.

하지만 거란(契丹)이 고조선(古朝鮮) 영토의 서북부 지역에 거주했으며, 동쪽에 위치한 발해국(渤海國)을 멸망시켰으나, 현(現) 요하(遼河) 유역까지만 영토로 편입했다면, '요(遼) 동쪽에 고려(高麗)가 접해 있다'는 요사지리지(遼史地理志) 서문(序文)의 기록은 역사적 사실이 된다.

요사(遼史)가 아닌 구당서(舊唐書)의 기록을 살펴보아도 '거란(契丹)이 고구려(高句麗) 영토에서 서북쪽으로 멀리 떨어져 있다'는 한중일학계(韓中日學界)의 통설(通說)은 부정된다.

구당서(舊唐書) 북적열전(北狄列傳) 거란조(契丹條)에 '거란(契丹)은 동쪽으로 고구려(高句麗)와 인접해 있다'고 기록되어 있다.

또한 '서쪽으로는 해국(奚國)이 위치하며, 남쪽으로는 영주(營州)가 위치하고, 북쪽으로는 실위(室韋)가 위치한다'고 기록되어 있다.

이 기록의 기준점은 동북아고대사정립 2에 수록된 고조선(古朝鮮) 영토고표(領土考表) 완성본(完成本)에서 요(遼) 상경(上京)이 설치된 예맥(濊貊) 땅 서부 지역이다.

동북아고대사정립 2의 학설74) 대요수난하설(大遼水灤河說)에 의하면

> 패수(浿水) 서쪽에 위치한 요수(遼水)와 패수(浿水) 동쪽에 위치한 대요수(大遼水)는
> 동일한 하천이 아니다.
> 패수(浿水) 서쪽에 위치한 유수(濡水)는 현(現) 난하(灤河)가 아니며, 패수(浿水) 동쪽에
> 위치한 대요수(大遼水)가 현(現) 난하(灤河)이다.

패수(浿水)는 현(現) 하북성(河北省) 동북부 지역에서 흐르는 하천인 현(現) 난하(灤河) 서쪽에 위치한다.

그리고 '요수(遼水)가 패수(浿水) 서쪽에 위치한다'는 것은 역사적 상식이다.

따라서 현(現) 하북성(河北省) 서북부 지역은 흉노(匈奴)의 영토였으며, 동북부 지역은 고조선(古朝鮮)의 영토였다.

학설 124)

현(現) 하북성(河北省) 서북부 지역은 흉노(匈奴)의 영토였고 동북부 지역은
고조선(古朝鮮)의 영토였는데, 거란(契丹)이 두 지역을 기반으로 요(遼)를 건국했다.

현(現) 하북성(河北省) 북부 지역의 유일한 국가였던 해국(奚國)의 영토는 대부분 흉노(匈奴)의 영토였지만 고조선(古朝鮮)의 영토 일부도 편입되어 있었다.

특히, 해국(奚國)의 수도였던 해왕(奚王)의 장(帳)은 고조선(古朝鮮)의 영토 내에 위치했으며, 진요동(秦遼東) 북부 지역에 해당한다.

진요동(秦遼東) 북부 지역의 북쪽은 예맥(濊貊) 땅 서부 지역이며, 예맥(濊貊) 땅 서부 지역은 고구려(高句麗)의 영토였지만 인구가 적은 변방이었다.

그곳으로 거란(契丹)이 유입되었고 고구려(高句麗)가 묵인했기에 구당서(舊唐書) 북적열전(北狄列傳)에 '거란(契丹)은 동쪽으로 고구려(高句麗)와 인접해 있다'고 기록되어 있는 것이다.

거란(契丹) 동쪽에 인접해 있던 고구려(高句麗)의 영토는 발해국(渤海國)이 승계했다.

거란(契丹)은 예맥(濊貊) 땅 서부 지역에 거주하다가 현(現) 하북성(河北省) 북부 지역의 일부를 영토로 삼은 해국(奚國)을 병탄(竝呑)했으며, 본인들이 거주하던 예맥(濊貊) 땅 서부 지역에 수도, 즉 상경(上京)을 설치하면서 요(遼)를 건국했다.

요약하면, 거란(契丹)은 현(現) 난하(灤河) 상류 서쪽에 거주하였으며, 중류 서쪽의 의무려산(醫巫閭山)까지는 고구려(高句麗)와 발해국(渤海國)의 영토였고, 그 서쪽에는 해국(奚國)이 접해 있었다.

고구려(高句麗)의 영토는 이 서쪽 경계에서 한반도의 동해 바다에 이르렀다.

고구려(高句麗) 멸망 후, 고구려(高句麗)의 영토는 2개 지역으로 분할되어 발해국(渤海國)과 고려(高麗)의 영토로 각각 승계되었다.

발해국(渤海國) 멸망 후, 고려(高麗) 북쪽과 동북쪽은 여진(女眞)의 영토가 되었고, 고려(高麗) 서쪽에는 요(遼)가 위치했다.

고구려(高句麗)의 영토가 3개 지역으로 분할되어 각각 요(遼)·고려(高麗)·여진(女眞)의 영토로 승계된 것이다.

'요(遼) 영토가 동쪽으로 한반도동해(韓半島東海)에 이르렀다'는 한중일학계(韓中日學界)의 통설(通說)은 아무런 실증적 근거도 없는 추정에 불과하다.

> **학설 125)**
>
> 발해국(渤海國) 멸망 후, 고려(高麗) 북쪽과 동북쪽은 여진(女眞)의 영토가 되었고,
> 고려(高麗) 서쪽에는 요(遼)가 위치했다.
> 고구려(高句麗)의 영토는 3개 지역으로 분할되어 각각 요(遼)·고려(高麗)·
> 여진(女眞)의 영토로 승계되었다.

3. 발해국(渤海國) 영토에 관한 연구

동북아고대사정립 2의 학설 118) 에 의하면

> **[패강태자하설(浿江太子河說)]**
>
> 통일신라(統一新羅)의 북쪽 국경인 패강(浿江)은 현(現) 태자하(太子河)이다.

발해국(渤海國)은 현(現) 요양시(遼陽市) 동북쪽에서 건국되었으며, 이후 성장하면서 현(現) 요하(遼河) 서쪽 고구려(高句麗)의 영토를 자국의 영토로 편입했다.

통일신라(統一新羅) 북부 지역을 기준으로 서쪽·북쪽·동쪽은 모두 발해국(渤海國)의 영토였다.

동북아고대사정립 2의 학설 120) 에 의하면

> 고려서경(高麗西京) ➡ 현(現) 태자하(太子河)인 패강(浿江) ➡ 패강진(浿江鎭) ➡
> 고구려(高句麗) 한산주(漢山州)와 남평양(南平壤) ➡ 현(現) 예성강(禮成江)인
> 패하(浿河) ➡ 신라(新羅) 북한산주(北漢山州)와 북한산성(北漢山城)이 북쪽에서 남쪽
> 방향으로 위치한다.

고려서경(高麗西京)은 현(現) 요령성(遼寧省)에서 흐르는 태자하(太子河) 북쪽에 위치했다.

고려(高麗)의 영토를 기준으로 서쪽은 요(遼)의 영토였으며, 북쪽과 동북쪽은 여진(女眞)의 영토였다.

신당서(新唐書) 북적열전(北狄列傳) 발해조(渤海條)에 의하면 발해국(渤海國)의 영토는 5경(京) 15부(府) 62주(州)이다.

발해국(渤海國)의 5경(京)은 상경용천부(上京龍泉府)·중경현덕부(中京顯德府)·동경용원부(東京龍原府)·남경남해부(南京南海府)·서경압록부(西京鴨綠府)로, 수도는 상경용천부(上京龍泉府)이다.

요(遼)는 발해국(渤海國)을 멸망시켰지만, 발해국(渤海國) 수도는 요(遼)의 영토로 편입하지 못했다.

발해국(渤海國)의 서경압록부(西京鴨綠府)가 요(遼)의 동쪽 한계였다.

요(遼)가 현(現) 요하(遼河) 동쪽 땅 북부 지역을 처음부터 포기한 것은 아니다.

요사(遼史)에 의하면 요(遼)는 발해국(渤海國)을 멸망시킨 후, 발해국(渤海國)의 중경현덕부(中京顯德府)를 중심지로 동단국(東丹國)을 만들었으며, 현(現) 요하(遼河) 동쪽 땅 북부 지역을 영토로 편입하려고 했다.

동북아고대사정립 2의 학설110)에 의하면

> 장수왕평양성(長壽王平壤城)은 고구려(高句麗) 구려현(句麗縣)에 위치했다.
> 장수왕평양성(長壽王平壤城)은 요(遼) 동경요양부(東京遼陽府)의 치소인
> 요양성(遼陽城)으로 승계되었다.

하지만 곧 포기하고 고구려(高句麗) 장수왕평양성(長壽王平壤城)을 수리하여 동단국(東丹國) 백성들을 남김 없이 이주시킨 후, 장수왕평양성(長壽王平壤城)을 요양성(遼陽城)이라 칭하면서 남경(南京)을 설치했다.

남경(南京)은 훗날 동경요양부(東京遼陽府)로 개칭된다.

결국 요(遼)는 발해국(渤海國)의 영토 중 오직 서부 지역만을 자국의 영토로 편입한 것이며, 발해국(渤海國) 멸망 후, 고려(高麗) 북쪽은 요(遼)가 아니라 여진(女眞)의 영토였다.

> 학설 126)
> 요(遼)가 편입한 발해국(渤海國)의 영토는 요양성(遼陽城), 즉 장수왕평양성
> (長壽王平壤城)에서 통솔한 동경요양부(東京遼陽府)의 영토와 같다.
> 발해국(渤海國) 멸망 후, 고려(高麗) 북쪽은 요(遼)가 아니라 여진(女眞)의 영토였다.

요(遼)가 편입한 발해국(渤海國)의 영토는 현(現) 난하(灤河) 유역과 현(現) 요하(遼河) 유역 중 일부 지역에 해당한다.

이 지역들은 모두 고조선(古朝鮮)의 영토이자, 고조선(古朝鮮)의 승계국(承繼國)인 고구려(高句麗)의 영토였다.

구당서(舊唐書) 북적열전(北狄列傳) 발해조(渤海條)에 'AD 732년, 발해국(渤海國) 왕(王) 대무예(大武藝)가 장군(將軍) 장문휴(張文休)를 보내 등주자사(登州刺史) 위준(韋俊)을 공격했다'고 기록되어 있다.

AD 698년에 건국된 발해국(渤海國)은 AD 732년 이전에 이미 현(現) 요하(遼河) 서쪽 땅을 영토로 편입했음을 알 수 있다.

> **학설 127)**
>
> AD 698년 건국된 발해국(渤海國)은 AD 732년 이전에 이미 현(現) 요하(遼河) 서쪽 땅을 영토로 편입했다.

만약 AD 732년까지도 발해국(渤海國)의 영토가 현(現) 요하(遼河) 동쪽 북부 지역에 한정되어 있었다면, 발해국(渤海國)이 현(現) 산동반도(山東半島)를 수군으로 공격하는 것은 불가능하기 때문이다.

신당서(新唐書) 북적열전(北狄列傳) 발해조(渤海條)에 '발해국(渤海國)은 서쪽으로 거란(契丹)과 접해 있으며, 발해국(渤海國)이 부여(夫餘)·옥저(沃沮)·변한(弁韓)·조선(朝鮮) 등 바다 북쪽에 있던 여러 나라의 땅을 거의 다 차지했다'고 기록되어 있다.

부여(夫餘)는 후한서(後漢書) 동이열전(東夷列傳)에 기록된 현(現) 요하(遼河) 서쪽 부여국(夫餘國)을 지칭하고 있다.

옥저(沃沮)는 후한서(後漢書) 동이열전(東夷列傳) 옥저(沃沮) 편에 기록된, 후한(後漢)이 옥저후(沃沮侯)로 삼은 임둔(臨屯) 땅 내에 위치한 옥저국(沃沮國)을 지칭하고 있다.

요사지리지(遼史地理志) 동경요양부(東京遼陽府) 해주(海州) 남해군(南海軍) 편에 의하면, 고구려(高句麗) 비사성(沙卑城)이 옥저국(沃沮國)이다.

변한(弁韓)은 광개토대왕에 의해 고구려(高句麗)의 영토로 편입된 대방계(帶方界)의 땅을 지칭하고 있다.

대방계(帶方界)는 대방군(帶方郡)을 설치한 공손씨(公孫氏) 군벌정권(軍閥政權)이 무역을 매개로 읍군(邑君)을 통해 영향력을 행사했던 땅이다.

공손씨(公孫氏) 군벌정권(軍閥政權)이 멸망한 이후에도 무역의 거점이었던 대방계(帶方界)는 유지되었는데, 변한(弁韓)의 영토로 편입되었다.

만주에 위치한 변한(弁韓)은 한반도 남부 지역에 위치한 가야(伽倻)의 뿌리이다.

변한(弁韓)이 한반도 남부 지역에 위치했다는 한중일학계(韓中日學界)의 통설(通說)은 역사적 사실이 아니다.

조선(朝鮮)은 현(現) 난하(灤河)와 단단대령(單單大嶺) 사이 장수왕평양성(長壽王平壤城)이 위치한 낙랑(樂浪) 땅을 지칭하고 있다.

부여국(夫餘國) 남쪽에 위치한 옥저(沃沮)·변한(弁韓)·조선(朝鮮)은 모두 남쪽으로 바다를 접하고 있다.

'바다 북쪽에 있던 여러 나라의 땅을 거의 다 차지했다'는 기록에서의 바다는 지금의 발해(渤海)를 지칭하고 있다.

따라서 현(現) 요하(遼河) 서쪽 고조선(古朝鮮) 및 고구려(高句麗) 영토가 발해국(渤海國)의 영토로 편입되었음은 역사적 사실이다.

정리해 보면 신당서(新唐書) 북적열전(北狄列傳) 발해조(渤海條)에 기록된 바다는 현(現) 요동반도(遼東半島) 서쪽에 위치한 발해(渤海)이다.

발해(渤海)에 접해 있던 옥저(沃沮)·변한(弁韓)·조선(朝鮮)은 모두 발해국(渤海國)의 영토로 편입되었다.

신당서(新唐書) 북적열전(北狄列傳) 발해조(渤海條)에 기록된 바다는 현(現)
요동반도(遼東半島) 서쪽에 위치한 발해(渤海)이다.
발해(渤海)에 접해 있던 옥저(沃沮) · 변한(弁韓) · 조선(朝鮮)은 모두
발해국(渤海國)의 영토로 편입되었다.

발해(渤海)에 접해 있는 변한(弁韓)에 대해 예를 하나 더 살펴보자.

고려사(高麗史) 태조기(太祖紀)에 의하면

大王若欲王朝鮮肅愼卞韓之地 莫如先城松嶽 以吾長子爲其主
대왕께서 만약 조선(朝鮮) · 숙신(肅愼) · 변한(卞韓) 땅의 왕(王)이 되고자 하신다면
무엇보다도 먼저 송악(松嶽)에 성(城)을 쌓고 저의 장자(長子)를 성주(城主)로
삼으십시오.

AD 896년, 왕건(王建)의 아버지인 왕융(王隆)이 군(郡)을 들어 궁예(弓裔)에게 귀부
(歸附)하면서 한 이야기이다.

당시 궁예(弓裔)는 통일신라(統一新羅)에 편입되어 있던 고구려(高句麗) 영토의 대부
분을 장악했다.

왕융(王隆)이 궁예(弓裔)에게 송악(松嶽)의 중요성을 강조한 이유는 발해(渤海)의 제
해권(制海權) 때문이며, 이러한 이유로 발해(渤海)에 접해 있던 조선(朝鮮)과 변한(弁韓)
을 언급한 것이다.

AD 901년에 건국된 궁예(弓裔)의 고려(高麗)와 AD 918년에 건국된 왕건(王建)의
고려(高麗)는 중요한 차이가 있다.

전자는 통일신라 내에서 건국되었고 고구려의 수도를 되찾지 못했으며, 후자
는 통일신라를 벗어난 고구려 유민들을 바탕으로 건국되었고 수도를 되찾았다.

4. 요사지리지(遼史地理志) 서문(序文)의 후반부

요사지리지(遼史地理志) 서문(序文)의 후반부에 의하면

> 迨五代闢地東西三千里 太宗以皇都為上京 升幽州為南京 改南京為東京
>
> 聖宗城中京 興宗升雲州為西京 於是五京備焉 又以征伐俘户建州襟要之地
>
> 多因舊居名之 加以私奴置投下州 總京五 府六 州軍城 百五十有六 縣二百有九
>
> 部族五十有二 屬國六十 東至于海 西至金山 暨于流沙 北至臚朐河 南至白溝
>
> 幅員萬里
>
> 오대(五代)에 이르러 영토를 개척하여 동서로 3,000리(里)가 되었다.
>
> 태종(太宗)은 황도(皇都)를 상경(上京)으로 삼았고 유주(幽州)를 승격시켜
>
> 남경(南京)이라 했으며, 남경(南京)은 고쳐 동경(東京)이라 했다.
>
> 성종(聖宗)은 중경(中京)에 성(城)을 쌓았고, 흥종(興宗)은 운주(雲州)를 승격시켜
>
> 서경(西京)이라 했는데 이때 5경(京)이 갖추어졌으며, 정벌하여 사로잡은 자들로
>
> 요충지에 주(州)를 설치했고 옛 행정명을 주(州) 행정명으로 정하는 경우가 많았는데
>
> 사노(私奴)들을 그 주(州)에 투입하여 설치하기도 했다.
>
> 총(總) 경(京)은 다섯이고 부(府)는 여섯이며, 주(州)·군(軍)·성(城)이 156개이고
>
> 현(縣)은 209개이며, 부족(部族)이 52개이고 속국(屬國)은 60개이다.
>
> 동쪽은 해(海)에 이르며, 서쪽은 금산(金山)과 유사(流沙)에 이르고, 북쪽은
>
> 여구하(臚朐河)에 이르며, 남쪽은 백구(白溝)에 이르니 폭원(幅員)이 만리(萬里)이다

요(遼) 태종(太宗)은 유주(幽州)를 승격시켜 남경(南京)이라 칭했는데 현(現) 하북성(河北省) 중부 지역에 해당하며, 이때 장수왕평양성(長壽王平壤城)에 설치한 남경(南京)은 동경(東京)으로 개칭된다.

동북아고대사정립 2의 학설 111) 에 의하면

> 요(遼)의 동경(東京)인 요양성(遼陽城)으로 승계된 장수왕평양성(長壽王平壤城)은
>
> 당(唐) 기준척(基準尺)으로 현(現) 난하(灤河)에서 동쪽으로 360리(里) 떨어진 지점에
>
> 위치한 성(城)이며, 서쪽으로 흐르는 하천의 북쪽에 인접해 있는 성(城)이고, 성(城)의
>
> 둘레가 30리(里)이다.

발해국(渤海國)을 멸망시킨 요(遼)는 낙랑(樂浪) 땅을 요(遼)의 영토로 편입했으며, 고구려(高句麗)의 다섯 번째 수도인 장수왕평양성(長壽王平壤城)을 수리하여 남경(南京)을 설치했다.

요(遼) 상경(上京)은 예맥(濊貊) 땅 서부 지역, 즉 현(現) 난하(灤河) 상류 유역에 위치하며, 장수왕평양성(長壽王平壤城)은 현(現) 난하(灤河) 중류를 기준으로 동쪽 360리(里) 지점에 위치하고 있기 때문에 요(遼) 상경(上京)을 기준으로 장수왕평양성(長壽王平壤城)은 동남쪽에 위치한다.

따라서 장수왕평양성(長壽王平壤城)을 처음에는 남경(南京)이라 칭했다.

그러나 후진(後晉)으로부터 연운십육주(燕雲十六州)를 할양(割讓)받은 요(遼)는 연운십육주(燕雲十六州) 중 현(現) 산서성(山西省) 북부 지역의 중심지인 운주(雲州)를 승격시켜 서경(西京)이라 칭했으며, 현(現) 하북성(河北省) 중부 지역의 계성(薊城)을 승격시켜 남경(南京)이라 칭했다.

상경(上京)을 기준으로 계성(薊城)은 남쪽에 가까운 서남쪽에 위치했기에 계성(薊城)을 남경(南京)이라 칭했으며, 상경(上京)을 기준으로 동남쪽에 위치한 장수왕평양성(長壽王平壤城)은 남경(南京)에서 동경(東京)으로 개칭한 것이다.

그리고 상경(上京)과 계성(薊城) 사이에 위치한 해왕(奚王)의 장(帳), 즉 해왕(奚王)의 치소에 중경(中京)을 설치했다.

요(遼) 성종(聖宗)이 축성한 중경(中京)은 당(唐) 영주(營州) 서남쪽 인접한 곳에 위치하고 있다.

동북아고대사정립 2에 수록된 고조선(古朝鮮) 영토고표(領土考表) 완성본(完成本)에 의하면 당(唐) 영주(營州)는 현(現) 난하(灤河) 서쪽에 위치한다.

따라서 당(唐) 영주(營州) 서남쪽에 위치한 요(遼) 중경(中京) 또한 현(現) 난하(灤河) 서쪽에 위치한다.

요(遼)의 영토가 '동쪽으로는 해(海)에 이른다'고 기록되어 있는데, 여기서의 해(海)는 바다가 아니라 현(現) 요하(遼河)를 지칭한다.

요(遼)의 영토가 '남쪽으로 백구(白溝)에 이른다'고 기록되어 있는데, 백구(白溝)는 북송(北宋)과 요(遼) 간 국경인 백구하(白溝河)이며, 현(現) 하북성(河北省) 중부 지역과 남부 지역 간 경계가 되는 하천이다.

'서쪽으로 유사(流沙)에 이른다'고 기록되어 있으니 요(遼)의 영토 서쪽에는 사막지대가 위치하고 있음을 알 수 있다.

'폭원(幅員)이 만리(萬里)'라는 기록에서 폭원(幅員)이란 폭(幅)의 둘레를 말하는 것으로, 요(遼)의 영토가 동서로 3,000리(里)이고 남북으로 2,000리(里)이면 폭원(幅員)은 만리(萬里)가 된다.

요(遼)는 후진(後晉)을 멸망시키고 북송(北宋)으로부터 매년 막대한 재물을 받을 만큼 강성했지만, 직접 통솔한 영토는 알려진 것만큼 넓지 않았다.

요사(遼史)에서 주의할 점은 요(遼)는 정벌하여 사로잡은 자들을 요(遼)의 영토 내에 거주하게 하고 주(州)를 설치했는데, 그 주(州)의 행정명으로 사로잡은 주민(州民)들이 살던 지역의 행정명을 그대로 사용한 경우가 많았다.

이러한 이유로 다른 지역의 행정명이 요(遼)의 영토 내에 위치하지만, 이를 구분해 내는 일은 어려운 일이 아니다.

5. 동서로 3,000리(里)인 요(遼)의 영토 연구

한중일학계(韓中日學界)의 통설(通說)에 의하면 요(遼)의 영토는 동쪽으로 연해주(沿海州) 바다에 닿는다.

그러나 당(唐) 영주(營州)를 기준으로 연해주(沿海州) 바다까지 거리는 이미 당(唐) 기준척(基準尺)으로 요(遼) 영토의 동서 길이인 3,000리(里)보다 길기 때문에 요사지리지(遼史地理志)의 기록에 부합(附合)하지 않는다.

동서 3,000(里)리인 요(遼) 영토의 동쪽 한계는 현(現) 요하(遼河)일 수밖에 없다.

당(唐) 영주(營州)와 현(現) 요하(遼河) 간 거리를 연구해 보자.

신당서(新唐書) 지리지(地理志)에 수록된 가탐(賈耽) 도리기(道里記)에 의하면

> 營州東百八十里至燕郡城 又經汝羅守捉 渡遼水至安東都護府五百里
>
> 府故漢襄平城也 東南至平壤城八百里 自都護府東北經古蓋牟新城
>
> 又經渤海長嶺府 千五百里至渤海王城
>
> 영주(營州)에서 동쪽으로 180리(里)를 가면 연군성(燕郡城)에 도달한다.
>
> 다시 여라수착(汝羅守捉)을 지나고 요수(遼水)를 건너면 안동도호부(安東都護府)에
> 도달하기까지 500리(里)이다.
>
> 도호부(都護府)는 옛 한(漢)의 양평성(襄平城)이며, 동남쪽으로 평양성(平壤城)에
> 도달하기까지 800리(里)이다.
>
> 도호부(都護府)에서 동북쪽으로 옛 개모성(蓋牟城)과 신성(新城)을 지나고 다시
> 발해국(渤海國) 장령부(長嶺府)를 지나는 1,500리(里)로 발해국(渤海國) 왕성(王城)에
> 도달한다.

가탐(賈耽) 도리기(道里記)에 기록된 평양성(平壤城)은 고구려(高句麗)의 마지막 수도인 장안성(長安城)이다.

고중국(古中國)의 정사서(正史書)는 장안성(長安城)을 평양성(平壤城)으로 기록했다.

동북아고대사정립 2의 학설 116) 에 의하면

> 고구려(高句麗)의 여섯 번째 수도이자, 마지막 수도인 장안성(長安城)이 위치한 곳은
> 현(現) 요양시(遼陽市)이다.

장안성(長安城)은 현(現) 요양시(遼陽市)에 위치하고 있으며, 당(唐) 영주(營州)와 장안성(長安城) 간 거리는 1,480리(里)〈180리(里) + 500리(里) + 800리(里)〉이다.

학설 130)
당(唐) 영주(營州)와 현(現) 요양시(遼陽市)에 위치한 고구려(高句麗)의 마지막
수도인 장안성(長安城) 간 거리는 1,480리(里)이다.

1,480리(里)에서 현(現) 요하(遼河)와 장안성(長安城) 간 거리를 빼면 당(唐) 영주(營州)와 현(現) 요하(遼河) 간 거리이다.

장안성(長安城)은 현(現) 요하(遼河) 동쪽에 인접해 있으니 100리(里) 전후로 기술해야 합리적이지만, 여러 사서(史書)의 기록은 일관되게 현(現) 요하(遼河)를 넘어 먼저 심양시(瀋陽市)에 도달한 후 남쪽 요양시(遼陽市)에 이르렀다.

이러한 이유로 본 연구자는 현(現) 요하(遼河)와 장안성(長安城) 간 거리를 100리(里) 전후가 아니라 180리(里) 전후로 추론하여 당(唐) 영주(營州)와 현(現) 요하(遼河) 간 거리는 1,300리(里) 전후로 결론을 내린다.

요사지리지(遼史地理志)에 의하면 요(遼)의 영토는 동서로 3,000리(里)이다.

3,000리(里)에서 1,300리(里) 전후를 빼면 당(唐) 영주(營州)에서 요(遼)와 서하(西夏) 간 국경까지의 거리는 1,700리(里) 전후이다.

정리해 보면 당(唐) 영주(營州)를 기준으로 서쪽 한계는 1,700리(里) 전후 지점에 위치한 서하(西夏)와의 국경이며, 동쪽 한계는 1,300리(里) 전후 지점에 위치한 현(現) 요하(遼河)이다.

요사지리지(遼史地理志)에 의하면 요(遼)의 영토는 동서로 3,000리(里)이다.

당(唐) 영주(營州)를 기준으로 서쪽 한계는 1,700리(里) 전후 지점에 위치한

서하(西夏)와의 국경이며, 동쪽 한계는 1,300리(里) 전후 지점에 위치한 현(現)

요하(遼河)이다.

구당서(舊唐書) 북적열전(北狄列傳) 발해조(渤海條)에 '발해국(渤海國)은 영주(營州)에서 동쪽으로 2,000리(里) 밖에 위치하며, 발해국(渤海國) 남쪽에는 신라(新羅)가 위치하고, 동북쪽에는 흑수말갈(黑水靺鞨)이 위치한다'고 기록되어 있다.

한중일학계(韓中日學界)의 통설(通說)에 의하면 현(現) 흑룡강성(黑龍江省) 동북부 지역은 흑수말갈(黑水靺鞨)의 영토였다.

따라서 발해국(渤海國) 왕성(王城)은 흑룡강성(黑龍江省) 서남부 지역 또는 흑룡강성(黑龍江省) 서남쪽에 위치한 현(現) 길림성(吉林省)에 위치해야 하며, 이곳을 기준으로 서쪽 2,000리(里) 밖에 당(唐) 영주(營州)가 위치해야 한다.

가탐(賈耽) 도리기(道里記)에 의하면 당(唐) 영주(營州)와 안동도호부(安東都護府) 간 거리는 680리(里)이며, 안동도호부(安東都護府)와 발해국(渤海國) 왕성(王城) 간 거리는 1,500리(里)이다.

구당서(舊唐書)에 대략 2,000리(里) 밖으로 기록된 것에 비해 가탐(賈耽) 도리기(道里記)에는 2,180리(里)라는 정확한 거리가 기록되어 있다.

거리 기록으로 당(唐) 영주(營州)는 현(現) 난하(灤河) 서쪽에 위치하고 있음을 다시 한번 확인할 수 있다.

발해국(渤海國) 왕성(王城)에서 당(唐) 영주(營州)까지의 거리는 2,180리(里)이다.

당(唐) 영주(營州)는 현(現) 난하(灤河) 서쪽에 위치한다.

第3節
요(遼) 5경(京) 영토고표(領土考表) 초안(草案)

요사지리지(遼史地理志) 서문(序文)의 기록을 연구하여 만든 요(遼) 5경(京)에 관한 영토고표(領土考表)의 초안(草案)은 아래와 같다.

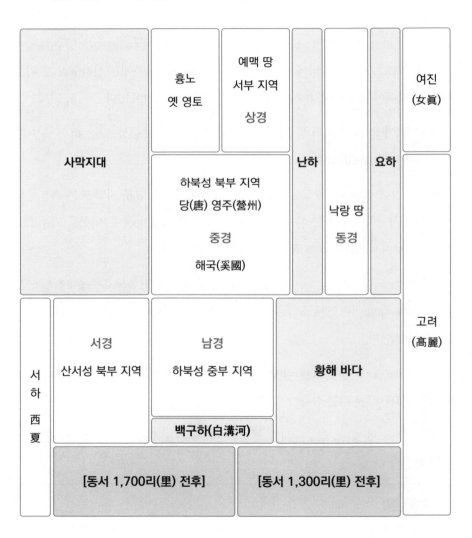

영토고표(領土考表)의 초안(草案)을 작성해보니 사마천(司馬遷)의 사기(史記)에 기록된 연(燕)과 동호(東胡) 및 연(燕)과 고조선(古朝鮮) 간 전쟁이 떠오른다.

현(現) 하북성(河北省) 중부 지역에 위치한 연(燕)이 북부 지역에 위치한 동호(東胡)를 습격하여 북쪽으로 천리(千里)를 물러나게 했으며, 이후 동쪽으로 패수(浿水)를 넘어 고조선연맹의 구성국인 진번(眞番)을 멸망시키면서 고조선(古朝鮮)을 현(現) 난하(灤河) 동쪽으로 밀어냈다.

초안(草案)에는 동호(東胡)의 영토를 상징하는 해국(奚國)과 고조선(古朝鮮)의 영토를 상징하는 요(遼) 중경(中京)이 하북성(河北省) 북부 지역에 함께 위치하고 있다.

해국(奚國)의 수도인 해왕(奚王)의 장(帳)과 요(遼) 중경(中京)은 동일한 위치이기 때문에 구분하여 나눌 수 없었다.

영토고표(領土考表)에 대해 부연 설명을 하자면 먼저 하북성(河北省) 중부 지역과 북부 지역 간 경계는 당장성(唐長城)이다.

당장성(唐長城) 북쪽에는 예맥조선(濊貊朝鮮) 서쪽에 접한 동호(東胡)가 있었는데, 흉노(匈奴)의 선우(單于) 묵돌(冒頓)이 동호(東胡)를 멸망시키면서 동호(東胡)의 영토는 흉노(匈奴) 좌방(左方)의 왕(王)이 다스리는 흉노(匈奴)의 영토가 되었다.

이러한 과정을 거쳐 흉노(匈奴)는 요수(遼水), 즉 현(現) 조백하(潮白河)를 국경으로 고조선(古朝鮮)과 접하게 되었으며, 이러한 역사적 사실을 사마천(司馬遷)은 사기(史記) 흉노열전(匈奴列傳)에 '흉노(匈奴) 동쪽에 예맥조선(濊貊朝鮮)이 접해 있다'고 기록했다.

요(遼) 중경(中京)과 당(唐) 영주(營州)는 요수(遼水) 동쪽에 위치한다.

따라서 영토고표(領土考表)에 요(遼) 중경(中京)과 당(唐) 영주(營州)가 위치한 곳은 고조선(古朝鮮)의 영토라고 표기해야 한다.

하지만 본 연구자는 고조선(古朝鮮)의 영토에 흉노(匈奴)의 영토를 더하여 하북성(河北省) 북부 지역으로 표기했다.

요(遼) 중경(中京)이 현(現) 하북성(河北省) 북부 지역 중 현(現) 난하(灤河) 유역을 제외한 대부분 지역을 통솔했음을 반영해야 했고, 남경(南京)과 중경(中京)을 구분하는 것이 더 중요했기 때문이다.

하북성(河北省) 북부 지역에 대한 세부적인 내용은 다음과 같다.

1. 고조선(古朝鮮) 멸망 후, 현(現) 하북성(河北省) 동북부 지역에는 한(漢)의 군현(郡縣)들이 설치되었다.

2. 고조선(古朝鮮)의 승계국인 고구려(高句麗)는 현(現) 난하(灤河) 유역까지 고조선(古朝鮮)의 영토를 대부분 수복했다.

   그러나 난하(灤河) 유역의 서쪽, 즉 진요동(秦遼東) 서부지역은 수복하지 못했다.

3. 동호(東胡)의 후예인 해(奚)가 하북성(河北省) 서북부 지역과 진요동(秦遼東) 서부 지역을 장악한 후 해국(奚國)을 건국했다.

   해국(奚國)의 수도는 진요동(秦遼東) 서부지역, 즉 고조선(古朝鮮)의 영토 내에 위치했다.

4. 요(遼) 중경(中京)은 해왕(奚王)의 장(帳)과 동일한 위치이다.

5. 요(遼) 상경(上京)이 설치된 곳은 고조선(古朝鮮)의 영토였으며, 한(漢) 시기에는 요동군(遼東郡) 서안평현(西安平縣)의 영토였고, 고조선(古朝鮮)의 영토 중 예맥(濊貊) 땅 서부 지역에 해당한다.

6. 요(遼) 중경(中京)이 현(現) 하북성(河北省) 서북부 지역을 통솔했지만, 이 지역은 고조선(古朝鮮)의 영토가 아니다.

第4節
요사지리지(遼史地理志) 연구

1. 요사지리지(遼史地理志) 서경대동부(西京大同府) 편

요(遼) 서경(西京)이 통솔한 8개 주(州)인 운주(雲州)·울주(蔚州)·삭주(朔州)·응주(應州)·신주(新州)·규주(媯州)·유주(儒州)·무주(武州)의 위치는 현(現) 산서성(山西省) 북부 지역과 현(現) 하북성(河北省) 중부 지역 중 거용새(居庸塞) 서쪽이다.

거용새(居庸塞)가 서경대동부(西京大同府)의 동쪽 경계라고 주장할 수 있는 근거는 속주(屬州) 중 가장 동쪽에 위치한 규주(媯州)와 유주(儒州)가 거용새(居庸塞) 서북쪽에 접해 있기 때문이다.

요(遼) 서경(西京)은 현(現) 산서성(山西省) 대동시(大同市)이며, 이곳은 북위(北魏)의 수도로 백등산(白登山)이 유명한 곳이다.

'한(漢) 고제(高帝), 즉 한(漢)을 건국한 유방(劉邦)은 흉노(匈奴)의 모돈(冒頓) 선우(單于)에 의해 7일 동안 백등산(白登山)에 갇혀 있었다'고 기록되어 있는데, 백등산(白登山)은 현(現) 산서성(山西省) 대동시(大同市) 근교에 위치한다.

대동시(大同市) 북쪽에 내몽고자치구(內蒙古自治區)가 위치하며, 내몽고자치구(內蒙古自治區)에는 사막지대가 있다.

내몽고자치구(內蒙古自治區) 사막지대는 대동시(大同市), 즉 요(遼) 서경(西京) 기준으로 북쪽에 위치하지만 요(遼) 서경(西京) 동북쪽에 위치한 상경(上京)과 중경(中京) 기준으로는 서쪽에 위치한다.

따라서 요사지리지(遼史地理志) 서문(序文)에 요(遼) 서쪽에 위치한다는 유사(流沙), 즉 사막지대는 현(現) 산서성(山西省) 대동시(大同市) 북쪽에 위치한 내몽고자치구(內蒙古自治區) 사막지대를 지칭하고 있다.

'서하(西夏)가 변경을 침범하기 때문에 운중현(雲中縣)을 쪼개 대동현(大同縣)을 설치했다'고 기록되어 있는데, 요(遼) 서경대동부(西京大同府) 서쪽에 요(遼)의 무력에 굴복해 신하국(臣下國)이 된 서하(西夏)가 접해 있음을 알 수 있다.

그리고 천덕군(天德軍)을 설명하면서 '당장성(唐長城)이 위치한다'고 기록되어 있다.

신당서지리지(新唐書地理志) 규주(嬀州) 규천군(嬀川郡) 편에 의하면

> 懷戎 北九十里有長城 開元中張說築 東南五十里有居庸塞 東連盧龍碣石
>
> 회융현(懷戎縣), 북쪽 90리(里)에 장성이 있는데 개원(開元) 년간<AD 714 ~ 742년>에 장설(張說)이 축성한 것이다.
> 동남쪽 50리(里) 지점에 거용새(居庸塞)가 있고, 동쪽으로는 노룡새(盧龍塞)와 갈석(碣石)이 연이어 있다.

'규주(嬀州)는 서경대동부(西京大同府)의 속주(屬州)이며, 규주(嬀州) 동남쪽 50리(里) 지점에 거용새(居庸塞)가 위치한다'고 기록되어 있다.

동북아고대사정립 1의 학설 33) 에 의하면

> 연장성서단(燕長城西端) 연(燕)의 상곡(上谷)은 역수(易水) 서쪽 태행산맥(太行山脈)에 위치한다.
> 저양현(沮陽縣)은 연장성서단(燕長城西端)에 위치한 조양(造陽)이 아니다.

역수(易水) 서쪽 태행산맥(太行山脈)에 위치한 조양(造陽)에서 시작된 거용새(居庸塞)는 동북쪽으로 현(現) 영정하(永定河)까지 축성되었다.

> 학설 133)
> 거용새(居庸塞)는 역수(易水) 서쪽 태행산맥(太行山脈)에 위치한 연장성서단(燕長城西端) 조양(造陽)에서 동북쪽으로 현(現) 영정하(永定河)까지 축성된 장성으로 노룡새(盧龍塞)와 함께 연장성(燕長城)의 일부이다.

거용새(居庸塞)는 서경대동부(西京大同府)와 남경석진부(南京析津府) 간 경계이다.

한편, 규주(嬀州) 북쪽 90리(里) 지점을 지나가고 있는 장성은 장설(張說)이 축성한 당장성(唐長城)이다.

당장성(唐長城)은 서쪽으로 서경대동부(西京大同府)의 북쪽 경계가 되었으며, 동쪽으로는 영정하(永定河) 남쪽 거용새(居庸塞)가 아니라 영정하(永定河) 북쪽 노룡새(盧龍塞)와 연결되었다.

이로 인해 노룡새(盧龍塞)도 당장성(唐長城)의 일부가 되었다.

학설 134)

노룡새(盧龍塞)는 현(現) 영정하(永定河)에서 당(唐) 평주(平州) 북쪽, 즉
연장성동단(燕長城東端) 양평현(襄平縣) 북쪽까지 축성된 장성으로
거용새(居庸塞)와 함께 연장성(燕長城)의 일부이다.

---

2. 요사지리지(遼史地理志) 남경석진부(南京析津府) 편

요(遼) 남경(南京)은 연운십육주(燕雲十六州) 중 8개 주(州)인 유주(幽州)·탁주(涿州)·단주(檀州)·계주(薊州)·순주(順州)·영주(營州)·평주(平州)·환주(寰州)를 통솔했다.

'단주(檀州)는 한(漢) 어양군(漁陽郡) 백단현(白檀縣)이며, 조공(曹公)이 백단(白檀)을 지나 유성(柳城)에서 오환(烏丸)을 격파했다'고 기록되어 있다.

단주(檀州)가 본래 백단현(白檀縣)인 것은 역사적 사실이다.

조공(曹公)이 백단(白檀)을 지나 유성(柳城)에서 오환(烏丸)을 격파한 것도 역사적 사실이다.

고조선(古朝鮮) 멸망 후, 한(漢) 전성기에는 노룡새(盧龍塞) 북쪽에도 한(漢) 어양군(漁陽郡)과 우북평군(右北平郡)의 속현이 설치된 적이 있었다.

동북아고대사정립 1의 학설 32) 에 의하면

> 노룡새(盧龍塞)는 만리장성의 일부이다.
> AD 49년, 고구려(高句麗)가 노룡새(盧龍塞)를 관통하여 북평(北平), 어양(漁陽),
> 상곡(上谷), 태원(太原)을 습격했다.

AD 49년, 고구려(高句麗)의 습격으로 노룡새(盧龍塞) 북쪽에 설치된 한(漢) 어양군(漁陽郡)과 우북평군(右北平郡)의 속현은 모두 폐현되었으며, 한(漢) 우북평군(右北平郡) 노룡새(盧龍塞)의 출구는 폐쇄되었다.

따라서 한서(漢書) 이후 정사서(正史書)에 기록된 백단현(白檀縣)은 모두 노룡새(盧龍塞) 남쪽 백단현(白檀縣)을 지칭하고 있다.

요사지리지(遼史地理志)에 수록된 왕증(王曾)이 저자인 상거란사(上契丹事)에 의하면, 자금성(紫禁城)보다 남쪽에 위치한 요(遼) 남경(南京)과 단주(檀州) 간 거리는 불과 160리(里)이다.

또한, 단주(檀州)에서 북쪽으로 당장성(唐長城), 즉 노룡새(盧龍塞)의 출구인 고북구(古北口)까지 거리는 140리(里)이다.

정리해 보면 한(漢) 어양군(漁陽郡) 노룡새(盧龍塞)의 출구는 고북구(古北口)이며, 고북구(古北口) 남쪽에는 백단현(白檀縣)이 위치하는데 단주(檀州)로 승계되었다.

반면, 조조(曹操)의 군대는 한(漢) 우북평군(右北平郡) 노룡새(盧龍塞)의 출구를 나간 후에 백단(白檀)을 지났으므로 두 백단(白檀)은 위치한 곳이 다르다.

학설 135)

한(漢) 어양군(漁陽郡) 노룡새(盧龍塞)의 출구는 고북구(古北口)로, 고북구(古北口) 남쪽에는 백단현(白檀縣)이 위치하는데 단주(檀州)로 승계되었다.
반면, 조조(曹操)의 군대는 한(漢) 우북평군(右北平郡) 노룡새(盧龍塞)의 출구를 나간 후에 백단(白檀)을 지났으므로 두 백단(白檀)은 위치한 곳이 다르다.

3. 요사지리지(遼史地理志) 중경대정부(中京大定府) 편

'중경대정부(中京大定府)의 치소가 위치한 곳은 한(漢) 요서군(遼西郡) 신안평현(新安平縣)'이라고 기록되어 있다.

신안평현(新安平縣)은 고중국(古中國)의 고유영토인 연요동(燕遼東)이 아닌 고조선(古朝鮮)의 영토였던 진요동(秦遼東)에 위치했다.

'한(漢) 말기, 보해(步奚)가 살았는데 폭원(幅員)이 1,000리(里)이며, 큰 산과 깊은 계곡이 많고 험준하여 스스로 견고히 했다'고 기록되어 있다.

이곳은 현(現) 북경시(北京市) 동북부 지역을 감싸는 산악지대이다.

'위(魏) 무제(武帝), 즉 조조(曹操)의 북벌(北伐)로 크게 싸우니 항복한 자가 20여 만명이었으며, 송막(松漠)으로 달아났다'고 기록되어 있다.

조조(曹操)에게 정벌을 당해 송막(松漠)으로 달아난 정치세력은 해(奚)가 아니라 오환(烏丸)이다.

'당(唐) 태종(太宗)이 고구려(高句麗)와의 전쟁을 이곳에서 주필(駐蹕)했는데 해부(奚部)의 장수 소지(蘇支)가 공(功)이 많았으며, 해(奚)의 가도(可度)가 내부(內附)하여 요악도독부(饒樂都督府)를 설치했다'고 기록되어 있다.

이어지는 '태조(太祖)가 요(遼)를 건국하자 신속(臣屬)했다'는 기록을 감안하면 거란(契丹)이 해국(奚國)을 장악함과 동시에 요(遼)가 건국되었음을 알 수 있다.

'한(漢) 요서군(遼西郡) 속현이었던 신안평현(新安平縣)·빈종현(賓從縣)·유성현(柳城縣)·도하현(徒河縣)·문성현(文成縣)은 중경(中京)에 속했다'고 기록되어 있다.

패수(浿水)와 현(現) 난하(灤河) 사이, 즉 진요동(秦遼東)에 위치했던 한(漢) 요서군(遼西郡) 속현은 모두 당장성(唐長城) 북쪽에 위치했기 때문에 요(遼) 중경(中京)의 영토에 속했다.

4. 요사지리지(遼史地理志) 상경임황부(上京臨潢府) 편

요사지리지(遼史地理志) 서문(序文)에 '요국(遼國)의 선조는 거란(契丹)으로 요택(遼澤) 중(中)에 거주했으며, 좌(左)측에는 요하(遼河)가 해자(垓子)처럼 흐른다'고 기록되어 있다.

좌갈석(左碣石)처럼 옛 문헌에서의 좌(左)는 동방을 뜻한다.

거란(契丹)이 거주한 요택(遼澤) 동쪽에 요하(遼河)가 해자(垓子)처럼 접해 있음을 알 수 있다.

동북아고대사정립 2의 학설75) 에 의하면

> 당태종(唐太宗)이 고생한 요택(遼澤)은 진요동(秦遼東) 북부 지역 중 현(現) 난하(灤河)에 인접한 곳에 위치했다.

당태종(唐太宗)이 고생한 요택(遼澤)은 북쪽으로 예맥(濊貊) 땅 서부 지역 중 거란(契丹)이 거주한 요택(遼澤)과 연결되어 있으며, 예맥(濊貊) 땅 서부 지역의 요택(遼澤)은 동쪽으로 요하(遼河)와 접해 있다.

요(遼) 시기, 대요수(大遼水)에서 개칭된 요하(遼河)는 현(現) 난하(灤河)이다.

학설 136)

당태종(唐太宗)이 고생한 요택(遼澤)은 북쪽으로 예맥(濊貊) 땅 서부 지역 중 거란(契丹)이 거주한 요택(遼澤)과 연결되어 있으며, 예맥(濊貊) 땅 서부 지역의 요택(遼澤)은 동쪽으로 요하(遼河)와 접해 있다.

요(遼) 시기, 대요수(大遼水)에서 개칭된 요하(遼河)는 현(現) 난하(灤河)이다.

'요(遼) 상경(上京)은 한(漢) 요동군(遼東郡) 서안평현(西安平縣)의 영토'라고 기록되어 있는데, 한서지리지(漢書地理志) 현도군(玄菟郡) 편에 의하면 서안평현(西安平縣)은 마자수(馬訾水)가 입해(入海)한 곳이다.

동북아고대사정립 2의 학설 69) 에 의하면

> 유성현(柳城縣)에서 흐르는 참류수(參柳水)가 북쪽으로 흘러 입해(入海)한 해(海)는 한(漢)
> 요동군(遼東郡) 서안평현(西安平縣) 남쪽에 접해 있는 '예맥(濊貊) 땅 해(海)'이다.

　요사지리지(遼史地理志) 상경임황부(上京臨潢府) 편에 '래류하(淶流河)가 상경(上京)의 3면을 에워싸고 동쪽으로 흘러 곡강(曲江)으로 들어가는데 곡강(曲江)의 북동쪽은 안춘하(按春河)이며, 어하(御河) · 사하(沙河) · 흑하(黑河) · 황하(潢河) · 압자하(鴨子河) · 탑로하(塔魯河) · 랑하(狼河) · 창이하(蒼耳河) · 망자하(輞子河) · 려구하(臚朐河) · 음량하(陰涼河) · 저하(瀦河)가 흐르고, 원앙호(鴛鴦湖) · 흥국혜민호(興國惠民湖) · 광제호(廣濟湖) 등의 호수가 있다'고 기록되어 있다.

　과연 해(海)라 칭할 만한 땅이다.

　동북아고대사정립 2의 고조선(古朝鮮) 영토고표(領土考表) 완성본(完成本)에 의하면 유성현(柳城縣)은 현(現) 난하(灤河) 서쪽에 위치한다.

　유성현(柳城縣)의 참류수(參柳水)가 요(遼) 상경(上京) 남쪽 '예맥(濊貊) 땅 해(海)'에 입해(入海)하기 때문에 요(遼) 상경(上京) 또한 현(現) 난하(灤河) 서쪽에 위치한다.

학설 137)

현(現) 난하(灤河) 서쪽에 위치한 유성현(柳城縣)의 참류수(參柳水)가 북쪽으로 흘러 요(遼) 상경(上京) 남쪽 '예맥(濊貊) 땅 해(海)'에 입해(入海)하기 때문에 요(遼) 상경(上京) 또한 현(現) 난하(灤河) 서쪽에 위치한다.

---

5. 요사지리지(遼史地理志) 동경요양부(東京遼陽府) 편

　요사지리지(遼史地理志) 동경요양부(東京遼陽府) 편에 '동경요양부(東京遼陽府)는 본래 조선(朝鮮)의 땅이었다'고 기록되어 있는데, 당(唐)의 역사 왜곡을 뒤집는 기록이다.

그러나 한중일학계(韓中日學界)는 '요(遼) 동경(東京)은 본래 옛 요동군(遼東郡) 양평현(襄平縣)으로 낙랑(樂浪) 땅이 아니라 요동(遼東) 땅'이라면서 '요(遼) 동경(東京)은 본래 조선(朝鮮)의 땅이었다'는 요사지리지(遼史地理志) 동경요양부(東京遼陽府) 편의 기록을 강하게 부정하고 있다.

요사(遼史) 권49 지(志)에 의하면

> **遼本朝鮮故壤 箕子八條之敎 流風遺俗 蓋有存者**
> 요(遼)는 본래 조선(朝鮮)의 옛 땅에서 시작되었으며, 기자(箕子) 8조(條)의 가르침에
> 따라 풍속(風俗)이 이어져 지금도 존재하고 있다.

반면, 요사(遼史)는 요(遼)가 발해국(渤海國)을 멸망시키면서 새로이 영토로 편입한 동경요양부(東京遼陽府) 뿐만 아니라 '발해국(渤海國) 멸망 이전, 요(遼)가 시작된 상경(上京) 또한 고조선(古朝鮮)의 땅이었다'는 역사적 사실을 분명히 밝히고 있다.

요사(遼史)의 기록을 납득할 만한 근거 없이 부정하는 한중일학계(韓中日學界)는 비학문적인 억지를 부리고 있는 것이며, 현(現) 난하(灤河) 유역이 고조선(古朝鮮)의 영토였음은 요사(遼史)를 통해서만 알 수 있는 역사적 사실이 아니다.

동북아고대사정립 2의 학설 97)에 의하면

> 선비(鮮卑)의 일파(一派)가 현(現) 난하(灤河) 유역, 즉 고조선(古朝鮮) 땅에서 세력을
> 키워 전연(前燕)을 건국했다.
> 이러한 이유로 진(晉)은 전연(前燕)을 건국한 모용황(慕容皝)을 조선공(朝鮮公)으로
> 봉했다.

선비(鮮卑)의 전연(前燕)과 마찬가지로 거란(契丹) 또한 현(現) 난하(灤河) 유역에서 요(遼)를 건국했기 때문에 역사적 사실을 있는 그대로 기록한 것일 뿐, 만약 그 지역이 고조선(古朝鮮)의 영토가 아니라면, 굳이 역사를 왜곡하면서까지 그런 기록을 남길 이유가 무엇이겠는가?

게다가 요사(遼史)에는 '왼쪽을 우위로 여기는 등, 그 풍속이 고조선(古朝鮮)의 풍속을 따른다'고 기록되어 있다.

동북아고대사정립 1의 [학설 49)] 에 의하면

> 예맥(濊貊) 땅 서부 지역에 소수맥(小水貊)과 구려(句麗)가 위치했고, 중부 지역에는
> 옥저(沃沮)가 위치했다.
> 예맥(濊貊) 땅 서부 지역에는 한(漢) 요동군(遼東郡) 서안평현(西安平縣)과
> 두 번째 현도군(玄菟郡)이 설치되었고, 중부 지역에는 첫 번째 현도군(玄菟郡)이
> 설치되었었다.

거란(契丹)이 예맥(濊貊) 땅 서부 지역에 거주하기 전, 그곳에는 구려(句麗) 일파(一派)인 소수맥(小水貊)이 살고 있었다.

거란(契丹)은 소수맥(小水貊)으로부터 고조선(古朝鮮)의 풍속(風俗)을 자연스럽게 받아들이고, 서로에게 이질감이 사라진 이후에는 자연스럽게 소수맥(小水貊)과 통합되었을 것이다.

이러한 과정을 통해 고조선(古朝鮮) 계승의식(繼承意識)을 갖게 된 요(遼)는 '고구려(高句麗)를 승계했다'는 명분으로 고려(高麗)에 고구려(高句麗)의 영토(領土)를 잠식하지 말 것을 요구하기도 했다.

그러나 현(現) 요하(遼河) 중류 유역을 끝내 내주지 않은 고려(高麗)는 정통성을 지킬 수 있었다.

요사지리지(遼史地理志) 동경요양부(東京遼陽府) 편에 '동·서·남 3면이 해(海)'라고 기록되어 있는데, 서쪽 해(海)는 현(現) 난하(灤河)를, 동쪽 해(海)는 현(現) 요하(遼河)를, 남쪽 해(海)는 바다를 지칭하고 있다.

그리고 '패수(浿水)가 있는데 패수(浿水)의 별칭은 니하(泥河) 또는 한우락수(蓒芋濼水)로 한우(蓒芋)의 초(草)가 많기 때문'이라고 기록되어 있다.

동경요양부(東京遼陽府)의 영토인 현(現) 난하(灤河) 동쪽 유역에서 흐르는 패수(浿水)는 고조선(古朝鮮)의 수도인 왕험성(王險城) 북쪽을 지나는 전한낙랑군패수(前漢樂浪郡浿水)이다.

> 학설 138)
> 요사지리지(遼史地理志)에 기록된 니하(泥河) 또는 한우락수(葒芋濼水)라는 별칭을
> 가지고 있는 패수(浿水)는 전한낙랑군패수(前漢樂浪郡浿水)이다.

요사지리지(遼史地理志) 동경요양부(東京遼陽府) 편에 '동경(東京)에 속한 현주(顯州)에 현릉(顯陵)이 위치하는데, 현릉(顯陵)은 동단국(東丹國) 인황왕(人皇王)의 무덤'이라고 기록되어 있다.

또한 '인황왕(人皇王)은 독서를 좋아하고 사냥은 즐기지 않았는데, 책을 수 만권 구입하여 의무려산(醫巫閭山) 꼭대기에 두고 집을 지어 망해(望海)라 칭했으며, 의무려산(醫巫閭山) 기준으로 남쪽의 해(海)는 130리(里) 지점에 위치한다'고 기록되어 있다.

'의무려산(醫巫閭山) 남쪽 130리(里) 지점에 해(海)가 위치한다'는 기록을 보고 '의무려산(醫巫閭山)은 바다에 가까운 산(山)'이라는 오해를 할 수 있다.

동북아고대사정립 2의 학설76) 에 의하면

> 전한낙랑군(前漢樂浪郡) 서쪽 경계인 낙랑서해(樂浪西海)는 현(現) 난하(灤河)의 하류이다.

의무려산(醫巫閭山) 남쪽 130리(里) 지점의 해(海)는 바다가 아니라 낙랑서해(樂浪西海), 즉 현(現) 난하(灤河)의 하류이다.

의무려산(醫巫閭山)은 바다에서 북쪽으로 멀리 떨어져 있다.

의무려산(醫巫閭山) 남단(南端)에서 남쪽 방향으로 130리(里) 지점에 위치한 해(海)는 낙랑서해(樂浪西海)가 시작되는 지점을 지칭하고 있기 때문이다.

의무려산(醫巫閭山)은 바다에서 북쪽으로 멀리 떨어져 있다.

의무려산(醫巫閭山) 남단(南端)에서 남쪽 방향으로 130리(里) 지점이

낙랑서해(樂浪西海)가 시작되는 곳이다.

동북아고대사정립 2의 학설 78)에 의하면

고조선(古朝鮮) 멸망 후, 새로운 요서(遼西)와 요동(遼東)이 탄생했으며, 현(現)

난하(灤河) 서쪽에 위치한 의무려산(醫巫閭山)은 새로운 요서(遼西)와 새로운

요동(遼東) 간 경계였다.

요사지리지(遼史地理志) 동경요양부(東京遼陽府) 편에 의하면 건주(乾州) 광덕군(廣德軍)은 한(漢) 무려현(無慮縣)의 영토였다.

'한(漢) 험독현(險瀆縣)의 영토였던 곳에는 집주(集州) 회중군(懷衆軍)이 설치되었으며, 고구려(髙句麗) 시기에는 상암현(霜巖縣)이고, 발해국(渤海國)이 주(州)를 설치했다'고 기록되어 있다.

동북아고대사정립 2에 수록된 고조선(古朝鮮) 영토고표(領土考表) 완성본(完成本)에 의하면 한(漢) 험독현(險瀆縣)은 현(現) 난하(灤河) 서쪽에 위치한다.

고구려(髙句麗)와 발해국(渤海國) 모두 현(現) 난하(灤河) 서쪽에 위치한 의무려산(醫巫閭山)까지 영토로 편입했으며, 요(遼) 또한 중경(中京)과 동경(東京)의 영토를 구분하는 기준은 현(現) 난하(灤河)가 아니라 의무려산(醫巫閭山)이었음을 알 수 있다.

학설 140)

고중국(古中國)과 고구려(髙句麗) 또는 발해국(渤海國) 간 국경은 현(現) 난하(灤河)

서쪽의 의무려산(醫巫閭山)이다.

요(遼)의 중경(中京)과 동경(東京) 간 경계도 의무려산(醫巫閭山)이다.

第5節
요(遼) 5경(京) 영토고표(領土考表) 완성본(完成本)

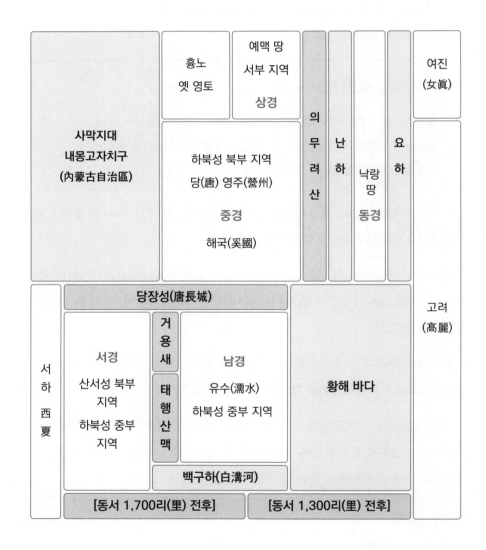

- 사막지대 내몽고자치구 (內蒙古自治區)
- 흉노 옛 영토
- 예맥 땅 서부 지역 / 상경
- 하북성 북부 지역 / 당(唐) 영주(營州) / 중경 / 해국(奚國)
- 의무려산
- 난하
- 낙랑 땅 동경
- 요하
- 여진 (女眞)
- 고려 (高麗)
- 당장성(唐長城)
- 서하 西夏
- 서경 / 산서성 북부 지역 / 하북성 중부 지역
- 거용새 / 태행산맥
- 남경 / 유수(濡水) / 하북성 중부 지역
- 황해 바다
- 백구하(白溝河)
- [동서 1,700리(里) 전후]
- [동서 1,300리(里) 전후]

영토고표(領土考表)의 초안(草案)을 바탕으로 요사지리지(遼史地理志)의 5경(京)에 관한 기록들을 연구하여 완성본(完成本)을 작성하였다.

이하, 요(遼) 5경(京) 영토고표(領土考表) 완성본(完成本)이라 칭한다.

요(遼) 5경(京) 영토고표(領土考表) 완성본(完成本)으로 인해 '유수(濡水)는 현(現) 난하(灤河)'라는 한중일학계(韓中日學界)의 통설(通說)은 논파되었다.

유수(濡水)는 요(遼) 상경(上京)과 중경(中京)의 서쪽에 위치해야 하는데, 요(遼) 5경(京) 영토고표(領土考表)에 의하면 요(遼)의 상경(上京)과 중경(中京)은 현(現) 난하(灤河) 서쪽에 위치하기 때문이다.

참고문헌

요사(遼史) 〈 탈탈(脫脫) 〉

구당서(舊唐書) 〈 유후(劉煦) 등 〉

신당서(新唐書) 〈 구양수(歐陽修) 등 〉

삼국사기(三國史記) 〈 김부식(金富軾) 〉

고려사(高麗史) 〈 김종서(金宗瑞), 정인지(鄭麟趾) 등 〉

동북아고대사정립(東北亞古代史正立) 1 〈 김석주(金錫柱) 〉

동북아고대사정립(東北亞古代史正立) 2 〈 김석주(金錫柱) 〉

第12章

당장성(唐長城) 연구

당(唐)은 규주(媯州) 북쪽을 지나 동쪽으로 노룡새(盧龍塞)와 우갈석(右碣石)으로 이어지는 장성을 축성했다.

당(唐)이 운용한 장성을 명장성(明長城)과 구분하기 위하여 이하, 당장성(唐長城)이라 칭한다.

요수(遼水)에서 개칭된 유수(濡水)는 대요수(大遼水)와 달리 고중국(古中國)의 고유영토에서 흐르는 하천이다.

고중국(古中國)의 고유영토를 이해하기 위해서는 먼저 당장성(唐長城)을 이해해야 한다.

Part 1 고중국(古中國)의 고유영토를 보호하는 당장성(唐長城)

1. 규주(媯州) 북쪽 90리(里) 지점의 당장성(唐長城)

2. 규주(媯州) 동북쪽 120리(里) 지점의 저양성(沮陽城)

3. 규주(媯州)의 위치

4. 단주(檀州) 북쪽 140리(里) 지점의 당장성(唐長城)

5. 단주(檀州)의 위치

1. 규주(嬀州) 북쪽 90리(里) 지점의 당장성(唐長城)

신당서지리지(新唐書地理志) 규주(嬀州) 규천군(嬀川郡) 편에 의하면

> 懷戎 北九十里有長城 開元中張說築 東南五十里有居庸塞 東連盧龍碣石
> 西屬太行常山 實天下之險
> 회융현(懷戎縣), 북쪽 90리(里)에 장성이 있는데 개원(開元) 년간<AD 714 ~ 742년>에
> 장설(張說)이 축성한 것이다. 동남쪽 50리(里) 지점에 거용새(居庸塞)가 있으며,
> 동쪽으로는 노룡새(盧龍塞)와 갈석(碣石)이 연이어 있고, 서쪽으로는 태행(太行)과
> 상산(常山)이 잇닿아 있는데 실로 천하의 험한 곳이다.

태행산맥(太行山脈)에 위치한 연장성서단(燕長城西端) 조양(造陽)에서 거용새(居庸塞)가 시작되며, 이어지는 노룡새(盧龍塞)를 더하면 연장성(燕長城)이다.

규주(嬀州) 동남쪽에 거용새(居庸塞)가 위치하는데, 거용새(居庸塞) 동남은 연(燕)의 영토였지만 서북은 흉노(匈奴)의 영토였기 때문에 규주(嬀州)는 흉노(匈奴)의 영토 내에 설치된 주(州)이다.

당(唐) 현종(玄宗)의 재상(宰相) 장설(張說)의 감독 하(下)에 규주(嬀州) 치소를 기준으로 북쪽 90리(里) 지점을 지나는 장성을 축성했는데, '그 장성 동쪽으로 노룡새(盧龍塞)와 갈석(碣石)이 연이어 있다'고 기록되어 있다.

당장성(唐長城)의 일부가 된 노룡새(盧龍塞)의 출구는 고북구(古北口)와 송정관(松亭關)이며, 연결된 갈석(碣石)은 노룡현(盧龍縣)의 갈석산(碣石山), 즉 류현(絫縣) 갈석산(碣石山)이고, 고중국(古中國)은 류현갈석산(絫縣碣石山)을 우갈석(右碣石)이라 칭했다.

> **학설 141)**
> 당장성(唐長城)은 한(漢) 어양군(漁陽郡)의 출구인 고북구(古北口)와 한(漢)
> 요서군(遼西郡)의 출구인 송정관(松亭關) 그리고 우갈석(右碣石)으로 이어지는
> 장성이다.

구당서지리지(舊唐書地理志) 규주(嬀州) 편에 의하면

> 嬀州 隋涿郡之懷戎縣 貞觀八年 改名嬀州 取嬀水爲名
>
> 在京師東北二千八百四十二里 至東都一千九百一十里
>
> 규주(嬀州), 수(隋) 탁군(涿郡)의 회융현(懷戎縣)이며, 정관(貞觀) 8년에 규주(嬀州)로
>
> 개명(改名)되었는데 규수(嬀水)의 이름을 딴 것이다.
>
> 경사(京師) 동북 2,842리(里)에 위치하고 동도(東都)까지 1,910리(里)이다.

　신당서지리지(新唐書地理志) 규주(嬀州) 규천군(嬀川郡) 편에 의하면 당장성(唐長城)은
규주(嬀州) 치소의 북쪽 90리(里) 지점을 지나고 있다.

　당(唐) 경사(京師)는 수도인 장안(長安)이고 동도(東都)는 낙양(洛陽)이다.

　당(唐) 동도(東都), 즉 낙양(洛陽)에서 규주(嬀州) 치소를 거쳐가는 여정에는 당장성
(唐長城)이 2,000리(里)〈1,910리(里) + 90리(里)〉 지점에 위치하고 있음을 알 수 있다.

학설 142)

당(唐) 동도(東都) 낙양(洛陽)에서 규주(嬀州) 치소를 거쳐가는 여정에는

당장성(唐長城)이 낙양(洛陽)에서 2,000리(里) 지점에 위치한다.

---

2. 규주(嬀州) 동북쪽 120리(里) 지점의 저양성(沮陽城)

　한(漢) 상곡군(上谷郡)의 치소였던 저양현(沮陽縣)의 저양성(沮陽城)은, 규주(嬀州)와
함께 본래 흉노의 세력권에 속했던 지역이다.

　한무제(漢武帝)의 대흉노 원정 이후, 한(漢)은 북방으로 국경을 확장하였고, 이 지역
은 고중국(古中國)의 내지로 편입되었다.

　정의괄지지(正義括地志)에 의하면 저양성(沮陽城)은 규주(嬀州) 회융현(懷戎縣) 치소
의 동북 120리(里) 지점에 위치한다.

사기(史記) 권110 흉노열전(匈奴列傳)에 의하면

> 諸左方王將居東方 直上谷以往者東接穢貉朝鮮
> 모든 좌방(左方)의 왕(王)과 장(將)은 동방(東方)에 거주하며, 상곡(上谷)에서부터
> 동쪽을 맡아 예맥조선(穢貉朝鮮)에 접해 있었다.

흉노(匈奴)의 영토 내에 설치된 한(漢) 상곡군(上谷郡) 저양성(沮陽城)은 연(燕) 상곡군(上谷郡) 조양성(造陽城)보다 북쪽에 위치했다.

그 근거는, 동북 방향으로 축성된 연장성(燕長城)에서 조양성(造陽城)은 연장성서단(燕長城西端), 즉 거용새서단(居庸塞西端)에 위치한 반면, 거용새의 서북쪽에 자리잡은 규주(嬀州) 치소는 이미 조양성보다 북쪽에 있으며, 그 치소의 동북 120리 지점에 저양성(沮陽城)이 위치하기 때문이다.

참고로 연(燕) 상곡군(上谷郡)은 한(漢) 탁군(涿郡)의 영토로 편입되었다.

구당서지리지(舊唐書地理志) 규주(嬀州) 편에 의하면 규주(嬀州) 치소에서 당(唐) 동도(東都)까지 1,910리(里)이다.

또한 한(漢) 상곡군(上谷郡) 치소 저양성(沮陽城)은 규주(嬀州) 치소를 기준으로 동북(東北) 120리(里) 지점에 위치하고 있다.

따라서 당(唐) 동도(東都), 즉 낙양(洛陽)에서 규주(嬀州) 치소를 거쳐가는 여정에는 낙양(洛陽)에서 2,030리(里)〈1,910리(里) + 120리(里)〉 지점에 저양성(沮陽城)이 위치하고 있음을 알 수 있다.

학설 143)
당(唐) 동도(東都) 낙양(洛陽)에서 규주(嬀州) 치소를 거쳐가는 여정에는 한(漢) 상곡군(上谷郡) 치소이자 흉노(匈奴) 동방(東方) 영토의 치소였던 저양성(沮陽城)이 낙양(洛陽)에서 2,030리(里) 지점에 위치한다.

3. 규주(嬀州)의 위치

수서지리지(隋書地理志) 탁군(涿郡) 편에 의하면

> 涿郡 薊 良鄉 安次 涿 固安 雍奴 昌平 懷戎有涿水阪泉水 潞
>
> 탁군(涿郡). 계현(薊縣), 양향현(良鄉縣), 안차현(安次縣), 탁현(涿縣), 고안현(固安縣), 옹노현(雍奴縣), 창평현(昌平縣), 회융현(懷戎縣) <탁수(涿水)와 판천수(阪泉水)가 있다>, 로현(潞縣)이 있다.

당(唐) 시기에는 규주(嬀州)의 치소였던 회융현(懷戎縣)이 수(隋) 시기에는 탁군(涿郡) 의 속현이었으며, 회융현(懷戎縣)에는 탁수(涿水)와 판천수(阪泉水)가 흐르고 있음을 알 수 있다.

탁수(涿水)는 현(現) 영정하(永定河) 남쪽에서 흐르는 하천이라는 사실을 부정할 학 자는 없을 것이다.

따라서 당(唐) 동도(東都) 낙양(洛陽)에서 1,910리(里) 지점에 위치한 규주(嬀州) 치소 는 현(現) 영정하(永定河) 남쪽에 위치하고 있다.

> 학설 144)
>
> 당(唐) 동도(東都) 낙양(洛陽)에서 1,910리(里) 지점에 위치한 규주(嬀州) 치소는 현(現) 영정하(永定河) 남쪽에 위치한다.

한중일학계(韓中日學界)의 통설(通說)에 의하면 규주(嬀州) 치소 회융현(懷戎縣)은 현 (現) 북경시(北京市) 서북쪽에 위치한다.

무슨 이유로 정사서(正史書)의 기록과 어긋나는 비정이 이루어지는 것일까?

후한서군국지(後漢書郡國志) 상곡군(上谷郡) 탁록현(涿鹿縣)에 대한 주석으로 제왕세 기(帝王世紀)를 인용하여 '탁록현(涿鹿縣)은 황제(黃帝)가 도읍한 곳이며, 판천지(阪泉 地)와 황제사(皇帝祠)가 있다'고 기록되어 있다.

당(唐) 측천무후(則天武后) 시기의 학자 장수절(張守節)은 자신의 저서 사기정의(史記正義)에 괄지지(括地志)의 기록을 다음과 같이 인용하였다.

'판천(阪泉), 즉 황제천(黃帝泉)은 규주(嬀州) 동쪽 56리(里) 지점에서 5리(里)를 흘러 탁록(涿鹿) 동북쪽 탁수(涿水)에 합류하며, 탁록고성(涿鹿故城)은 규주(嬀州) 동남쪽 50리(里) 지점으로 본래 황제(黃帝)의 치소였다'

A. 규주(嬀州) 치소를 기준으로 동쪽 56리(里) 지점에 지하수가 땅 밖으로 흘러나오는 천(泉)이 있는데, 판천(阪泉) 또는 황제천(黃帝泉)이라 칭했다.

B. 판천(阪泉)〈황제천(黃帝泉)〉이 솟아나는 땅을 판천지(阪泉地)라 칭했으며, 그곳에 황제사(皇帝祠)가 있다.

C. 판천(阪泉)〈황제천(黃帝泉)〉에서 시작된 판천수(阪泉水)가 5리(里)를 흐른 뒤, 탁수(涿水)에 합류한다.

D. 규주(嬀州) 치소를 기준으로 동남쪽 50리(里) 지점에 탁록고성(涿鹿故城)이 있는데 본래 황제(黃帝)의 치소이다.

E. 탁록고성(涿鹿故城) 동북쪽에서 탁수(涿水)와 판천수(阪泉水)가 합류한다.

탁수(涿水)·판천수(阪泉水)·탁록고성(涿鹿故城)에서 서쪽으로 60리(里) 이내에 위치한 규주(嬀州) 치소는 명백하게 현(現) 영정하(永定河) 남쪽에 위치한다.

신당서지리지(新唐書地理志) 규주(嬀州) 규천군(嬀川郡) 편에 의하면 규주(嬀州) 치소를 기준으로 동남쪽 50리(里) 지점에 거용새(居庸塞)가 있다.

거용새(居庸塞)와 거용관(居庸關) 또한 현(現) 영정하(永定河) 남쪽에 위치하며, 영정하(永定河) 북쪽에 위치한 새(塞)는 노룡새(盧龍塞)라는 역사적 사실을 알 수 있다.

이러한 이유로 당장성(唐長城)은 동쪽으로 영정하(永定河) 남쪽 거용새(居庸塞)가 아니라 영정하(永定河) 북쪽 노룡새(盧龍塞)와 연결된 것이다.

거용새(居庸塞)의 출구인 거용관(居庸關)은 원래 현(現) 영정하(永定河) 남쪽에
위치했다.

그러나 현(現) 거용관(居庸關)은 영정하(永定河) 북쪽에 위치한다.

현(現) 북경시(北京市) 중심지를 새로운 수도로 정한 명(明)은 황제가 거주하는 자금
성(紫禁城)을 이중 삼중으로 보호하기 위해 하북성(河北省)의 당장성(唐長城), 즉 노룡
새(盧龍塞) 북쪽에 새로이 명장성(明長城)을 축성했다.

당장성(唐長城)은 동쪽이든 북쪽이든 뚫리면 바로 북경시(北京市) 중심지였기 때문
에 명(明)이 기존의 장성을 허물고 명장성(明長城)을 새로이 축성한 것은 불가피한 선
택이었다.

새로이 축성된 명장성(明長城)은 남쪽 당장성(唐長城)을 대체했기 때문에 거용관(居
庸關)이나 고북구(古北口)와 같은 장성의 행정명들은 명장성(明長城)을 따라 북쪽으로
이동할 수밖에 없었으며, 이러한 이유로 거용새(居庸塞)의 거용관(居庸關)과 명장성
(明長城)의 거용관(居庸關)은 위치가 다르다.

북쪽으로 이동한 행정명을 기준으로 역사지명을 비정한 결과, 현(現) 하북성(河北
省) 북부 지역은 역사지명의 비정이 대부분 거짓이다.

하북성(河北省)의 명장성(明長城)은 당장성(唐長城) 북쪽에 축성되었다.
그 결과, 거용관(居庸關)이나 고북구(古北口)와 같은 장성의 행정명
(行政名)들은 명장성(明長城)을 따라 원래 위치보다 북쪽으로 이동했다.
북쪽으로 이동한 행정명을 기준으로 역사지명을 비정한 결과, 현(現) 하북성(河北省)
북부 지역은 역사지명의 비정이 대부분 거짓이다.

4. 단주(檀州) 북쪽 140리(里) 지점의 당장성(唐長城)

구당서지리지(舊唐書地理志) 단주(檀州) 편에 의하면

> 檀州 屬漁陽郡 在京師東北二千六百五十七里 至東都一千八百四十四里
>
> 단주(檀州). 어양군(漁陽郡)에 속했다.
>
> 경사(京師) 동북 2,657리(里)에 위치하며, 동도(東都)까지 1,844리(里)이다.

상거란사(上契丹事)에 의하면 왕증(王曾)은 연경북문(燕京北門) ➡ 망경관(望京館) ➡ 순주(順州) ➡ 단주(檀州) ➡ 금구관(金溝館) ➡ 고북구(古北口) ➡ 신관(新館) ➡ 와여래관(臥如來館) ➡ 유하관(柳河館) ➡ 타조부락관(打造部落館) ➡ 우산관(牛山館) ➡ 녹아협관(鹿兒峽館) ➡ 철장관(鐵漿館) ➡ 부곡관(富穀館) ➡ 통천관(通天館) ➡ 중경대정부(中京大定府)의 여정을 거쳤다.

단주(檀州) 치소를 기준으로 140리(里) 지점에 고북구(古北口)가 위치하며, 고북구(古北口)에서 650리(里) 지점에 중경대정부(中京大定府)가 위치한다.

당(唐) 동도(東都)에서 단주(檀州) 치소를 거쳐가는 여정에는 당장성(唐長城) 출구인 고북구(古北口)가 낙양(洛陽)에서 1,984리(里)〈1,844리(里) + 140리(里)〉 지점에 위치하고 있음을 알 수 있다.

> **학설 147)**
>
> 당(唐) 동도(東都) 낙양(洛陽)에서 단주(檀州) 치소를 거쳐가는 여정에는
> 당장성(唐長城)의 출구인 고북구(古北口)가 낙양(洛陽)에서 1,984리(里) 지점에
> 위치한다.

또한 당(唐) 동도(東都)에서 단주(檀州) 치소와 고북구(古北口)를 거쳐가는 여정에는 요(遼) 중경대정부(中京大定府)가 낙양(洛陽)에서 2,634리(里)〈1,844리(里) + 140리(里) + 650리(里)〉 지점에 위치하고 있음을 알 수 있다.

당(唐) 동도(東都) 낙양(洛陽)에서 단주(檀州)와 고북구(古北口)를 거쳐가는
여정에는 요(遼) 중경대정부(中京大定府)가 낙양(洛陽)에서 2,634리(里) 지점에
위치한다.
고북구(古北口)와 요(遼) 중경(中京) 간 거리는 650리(里)이다.

5. 단주(檀州)의 위치

구당서지리지(舊唐書地理志)에 의하면 규주(嬀州) 치소는 경사(京師) 동북 2,842리
(里) 지점이고 단주(檀州) 치소는 경사(京師) 동북 2,657리(里) 지점으로, 규주(嬀州) 동
쪽에 위치한 단주(檀州)가 오히려 185리(里) 더 짧다.

산악지대에 위치한 규주(嬀州) 치소에 이르는 여정은 험난했지만, 자금성(紫禁城)이
축성된 순주(順州)에서 불과 70리(里) 거리의 단주(檀州) 치소에 이르는 여정은 험난하
지 않았기 때문에 이러한 결과는 당연하다.

구당서지리지(舊唐書地理志)에 의하면 규주(嬀州) 치소는 동도(東都)까지 1,910리(里)
이며, 단주(檀州) 치소는 동도(東都)까지 1,844리(里)이다.

당(唐) 동도(東都) 낙양(洛陽)에서 규주(嬀州)와 단주(檀州)로 가는 여정은 현(現) 하북
성(河北省) 보정시(保定市) 중부 지역까지는 동일하며, 이후 여정이 나누어진다.

여정이 나뉘는 지점을 기준으로, 규주(嬀州) 치소는 북쪽에, 단주(檀州) 치소는 동북
쪽에 위치한다.

이 지점부터 규주(嬀州)로 향하는 여정은 단주(檀州)로 가는 여정보다 66리(里) 더
길다.

이는 규주(嬀州)까지의 여정이 산악지대를 통과하는 험난한 경로인 반면, 단주(檀
州)까지의 길은 비교적 평탄했기 때문이다.

여정이 나뉘는 현(現) 보정시(保定市) 중부 지역에서 두 목적지 모두 그리 멀지 않다는 점을 감안하면, 66리(里)는 두 여정의 지형적 난이도를 상쇄할 만한 거리 차이로 추정된다.

따라서 두 치소는 비슷한 위도(緯度)에 위치한 것으로 결론지을 수 있다.

학설 144) 에 의하면

> 당(唐) 동도(東都) 낙양(洛陽)에서 1,910리(里) 지점에 위치한 규주(媯州) 치소는 현(現) 영정하(永定河) 남쪽에 위치한다.

규주(媯州) 치소는 현(現) 영정하(永定河) 남쪽에 위치하며, 단주(檀州) 치소는 현(現) 영정하(永定河) 북쪽에 위치한다.

두 치소의 위도(緯度)는 비슷하지만 현(現) 영정하(永定河)가 규주(媯州)와 단주(檀州) 사이를 동남쪽으로 흐르기 때문이다.

만약 '규주(媯州) 치소는 현(現) 영정하(永定河) 북쪽에 위치한다'는 한중일학계(韓中日學界)의 통설(通說)이 역사적 사실이라면 단주(檀州) 치소 또한 현(現) 북경시(北京市) 동북부 지역 산악지대에 위치해야 하는데, 이러한 비정은 정사서(正史書)의 기록에 부합(符合)하지 않는다.

단주(檀州)의 영토는 현(現) 자금성(紫禁城) 북쪽 인접한 곳에서부터 북경시(北京市) 북부 지역의 본격적인 산악지대가 시작되는 곳까지이며, 단주(檀州) 치소는 현(現) 자금성(紫禁城) 북쪽 인접한 곳에 위치한다.

학설 149)

단주(檀州)의 영토는 현 (現) 자금성(紫禁城) 북쪽 인접한 곳에서부터 북경시(北京市) 북부 지역의 본격적인 산악지대가 시작되는 곳까지이며, 단주(檀州) 치소는 현(現) 자금성(紫禁城) 북쪽 인접한 곳에 위치한다.

Part 2 천진시(天津市)에 위치한 당장성(唐長城) 동단(東端)

1. 당장성(唐長城)의 동북방 출구인 송정관(松亭關)

무경총요(武經總要)에 '연경(燕京)에서 송정관(松亭關)까지 450리(里)이며, 송정관(松亭關)은 연경(燕京) 정동(正東)에서 약간 북쪽에 위치한다'고 기록되어 있다.

요(遼) 연경(燕京)은 당(唐) 유주(幽州) 치소 계성(薊城)으로 알려졌다.

구당서지리지(舊唐書地理志) 유주(幽州) 편에 의하면 계현(薊縣) 치소 계성(薊城)은 경사(京師) 동북 2,520리(里)이며, 동도(東都)까지 1,600리(里)이다.

따라서 '당(唐) 동도(東都) 낙양(洛陽)에서 연경(燕京)을 거쳐가는 여정으로 2,050리(里)〈1,600리(里) + 450리(里)〉 지점에 송정관(松亭關)이 위치한다'고 결론을 내릴 수 있지만, 조금 더 세밀하게 살펴 보면 요(遼) 연경(燕京)은 당(唐) 계성(薊城) 북쪽 84리(里) 지점에 위치하며 근거는 다음과 같다.

구당서지리지(舊唐書地理志) 단주(檀州) 편에 의하면 단주(檀州) 치소는 동도(東都)까지 1,844리(里)이며, 계성(薊城)과 단주(檀州) 간 거리는 244리(里)이다.

상거란사(上契丹事)에 의하면 연경(燕京)과 단주(檀州) 간 거리는 160리(里)이다.

따라서 요(遼)의 남경석진부(南京析津府)인 연경(燕京)은 계성(薊城) 북쪽 84리(里) 지점에 위치한다.

요사지리지(遼史地理志) 남경석진부(南京析津府) 편에 의하면

> 析津縣 本晉薊縣 改薊北縣 開泰元年更今名
> 석진현(析津縣), 본래 진(晉) 계현(薊縣)으로 계북현(薊北縣)으로 개칭했다가
> 개태(開泰) 원년에 지금의 이름으로 고쳤다.

연경(燕京)이 계성(薊城) 북쪽 84리(里) 지점에 위치했기 때문에 계현(薊縣) 북쪽에 위치한 새로운 현(縣)이라는 의미로 계현(薊縣)에 북(北)을 추가하여 계북현(薊北縣)으로 개칭한 것이다.

> **학설 150)**
>
> 요(遼) 연경(燕京)은 당(唐) 계성(薊城) 북쪽 84리(里) 지점에 축성되었다.
>
> 연경(燕京)이 계성(薊城) 북쪽 84리(里) 지점에 위치했으므로 계현(薊縣) 북쪽에
>
> 위치한 새로운 현(縣)이라는 의미를 부여하기 위해 계현(薊縣)에 북(北)을 추가하여
>
> 계북현(薊北縣)으로 개칭하였다.

계북현(薊北縣)은 다시 석진현(析津縣)으로 개칭되었으며, 이로 인해 연경(燕京)을 남경석진부(南京析津府)라 칭했다.

낙양(洛陽)에서 연경(燕京)을 거쳐가는 여정에는 당장성(唐長城) 동북방 출구인 송정관(松亭關)이 낙양(洛陽)에서 2,134리(里)〈1,684리(里) + 450리(里)〉지점에 위치하고 있는 것이다.

> **학설 151)**
>
> 당(唐) 동도(東都) 낙양(洛陽)에서 연경(燕京)을 거쳐가는 여정에는 당장성(唐長城)
>
> 동북방 출구인 송정관(松亭關)이 낙양(洛陽)에서 2,134리(里) 지점에 위치한다.

신당서지리지(新唐書地理志) 계주(薊州) 어양군(漁陽郡) 편에 의하면

> 薊州漁陽郡 開元十八年析幽州置 東北渡灅河有古盧龍鎮 自古盧龍 北經
>
> 九荊嶺 受米城 張洪隘 度石嶺 至奚王帳 六百里
>
> 계주(薊州) 어양군(漁陽郡), 개원(開元) 18년에 유주(幽州)를 쪼개어 설치했다.
>
> 동북쪽으로 난하(灅河)를 건너면 옛 노룡진(盧龍鎮)이 있다. 옛 노룡진(盧龍鎮)에서
>
> 북쪽으로 구형령(九荊嶺)과 수미성(受米城) 그리고 장홍애(張洪隘)를 지나
>
> 석령(石嶺)을 넘으면 해왕(奚王)의 장(帳)에 이르기까지 600리(里)이다.

'유수(濡水)에서 개칭된 난하(灅河) 동쪽에 옛 노룡진(盧龍鎮)이 있다'고 기록되어 있는데 노룡진(盧龍鎮)의 관문은 송정관(松亭關)이다.

'옛 노룡진(盧龍鎭)에서 북쪽으로 해왕(奚王)의 장(帳)까지 600리(里)'로 기록되어 있는데 해왕(奚王)의 장(帳)에 훗날 중경(中京)이 설치되었다.

600리(里)의 기점(起點)은 옛 노룡진(盧龍鎭)의 치소를 지칭하는 것인지 관문인 송정관(松亭關)을 지칭하는 것인지 알 수 없다.

하지만 연구 결과에 변수(變數)가 될 수 없기에 연구의 편의를 위해 기점(起點)을 송정관(松亭關)으로 가정하고 연구를 진행하고자 한다.

요사지리지(遼史地理志) 중경대정부(中京大定府) 편에 의하면 통화(統和) 25년〈AD 1007년〉, 요(遼)는 옛 해왕(奚王)의 아장(牙帳) 땅에 성(城)을 만들어 한호(漢戶)로 채우고 중경대정부(中京大定府)를 설치했다.

따라서 낙양(洛陽)에서 연경(燕京)과 송정관(松亭關)을 거쳐가는 여정에는 요(遼) 중경대정부(中京大定府)가 낙양(洛陽)에서 2,734리(里)〈2,134리(里) + 600리(里)〉지점에 위치하고 있다.

학설 152)

당(唐) 동도(東都) 낙양(洛陽)에서 연경(燕京)과 송정관(松亭關)을 거쳐가는 여정에는 요(遼) 중경(中京)이 낙양(洛陽)에서 2,734리(里) 지점에 위치한다.
송정관(松亭關)과 요(遼) 중경(中京) 간 거리는 600리(里)이다.

---

2. 고북구(古北口)와 송정관(松亭關)의 위치

상거란사(上契丹事)에 의하면 왕증(王曾)은 연경(燕京) ➡ 망경관(望京館) ➡ 순주(順州) ➡ 단주(檀州) ➡ 금구관(金溝館) ➡ 고북구(古北口) ➡ 신관(新館) ➡ 와여래관(臥如來館) ➡ 유하관(柳河館) ➡ 타조부락관(打造部落館) ➡우산관(牛山館) ➡ 녹아협관(鹿兒峽館) ➡ 철장관(鐵漿館) ➡ 부곡관(富穀館) ➡ 통천관(通天館) ➡ 중경대정부(中京大定府)의 여정을 거쳤다.

상거란사(上契丹事)에 의하면 연경(燕京)과 단주(檀州) 간 거리는 160리(里)이며, 단주(檀州)와 고북구(古北口) 간 거리는 140리(里)이다.

단주(檀州) 치소에서 고북구(古北口)까지 140리(里) 땅은 단주(檀州)의 영토에 속한다.

송(宋) 시기까지 고북구(古北口)의 위치는 현(現) 북경시(北京市) 북부 지역의 본격적인 산악지대가 시작되는 곳으로, 현(現) 고북구(古北口) 서남쪽에 위치했다.

> 학설 153)
>
> 송(宋) 시기까지 고북구(古北口)의 위치는 현(現) 북경시(北京市) 북부 지역의
> 본격적인 산악지대가 시작되는 곳으로, 현(現) 고북구(古北口) 서남쪽에 위치했다.

무경총요(武經總要)에 의하면 연경(燕京)에서 송정관(松亭關)까지 450리(里)이며, 송정관(松亭關)은 연경(燕京) 정동(正東)에서 약간 북쪽에 위치한다.

학설 150) 에 의하면

> 요(遼) 연경(燕京)은 당(唐) 계성(薊城) 북쪽 84리(里) 지점에 위치한다.
> 연경(燕京)이 계성(薊城) 북쪽 84리(里) 지점에 위치했으므로 계현(薊縣) 북쪽에
> 위치한 새로운 현(縣)이라는 의미를 부여하기 위해 계현(薊縣)에 북(北)을 추가하여
> 계북현(薊北縣)으로 개칭하였다.

요(遼) 연경성(燕京城)은 당(唐) 계성(薊城) 북쪽 84리(里) 지점에 위치한다.

연경성(燕京城)이 계성(薊城) 북쪽에 축성되면서 계성(薊城)을 기준으로 동북방 출구였던 송정관(松亭關)이 연경성(燕京城) 기준으로는 거의 정동(正東)에 위치하게 된 것이다.

한편, 고북구(古北口)는 연경성(燕京城) 기준으로 300리(里) 북쪽에 위치한다.

당장성(唐長城)은 고북구(古北口)에서 송정관(松亭關)까지 서쪽에서 동쪽 방향이 아니라 동남쪽 방향으로 축성된 장성임을 알 수 있다.

> **학설 154)**
>
> 고북구(古北口)는 연경성(燕京城) 북쪽 300리(里) 지점에 위치하며,
> 송정관(松亭關)은 연경성(燕京城) 정동(正東)에서 약간 북쪽에 위치한다.
> 당장성(唐長城)은 고북구(古北口)에서 송정관(松亭關)까지 서쪽에서 동쪽 방향이
> 아니라 동남쪽 방향으로 축성된 장성이다.

송(宋) 시기, 고북구(古北口) 남쪽 300리(里) 지점의 연경성(燕京城)을 기준으로 정동(正東)에서 약간 북쪽에 위치한 송정관(松亭關)까지의 거리가 불과 450리(里)라면, 송정관(松亭關)은 천진시(天津市) 북부 지역을 벗어날 수 없기 때문에 '송(宋) 시기까지의 송정관(松亭關)은 현(現) 천진시(天津市) 북부 지역에 위치했다'고 결론을 내린다.

> **학설 155)**
>
> 송(宋) 시기, 고북구(古北口) 남쪽 300리(里) 지점에 위치한 연경성(燕京城)을
> 기준으로 정동(正東)에서 약간 북쪽에 위치한 송정관(松亭關)까지의 거리가
> 450리(里)라면, 송정관(松亭關)은 천진시(天津市) 북부 지역을 벗어날 수 없다.
> 따라서 송(宋) 시기까지의 송정관(松亭關)은 현(現) 천진시(天津市) 북부 지역에
> 위치했다.

3. 당(唐) 시기, 유수(濡水)에서 개칭된 난하(灤河)의 위치

신당서지리지(新唐書地理志) 계주(薊州) 어양군(漁陽郡) 편에 의하면

> 薊州漁陽郡 開元十八年析幽州置 東北渡灤河有古盧龍鎭
>
> 계주(薊州) 어양군(漁陽郡), 개원(開元) 18년에 유주(幽州)를 쪼개어 설치했다.
> 동북쪽으로 난하(灤河)를 건너면 옛 노룡진(盧龍鎭)이 있다.

'당(唐) 계주(薊州) 치소에서 동북쪽으로 난하(灤河)를 건너면 옛 노룡진(盧龍鎭)'이라고 기록되어 있는데, 노룡진(盧龍鎭)의 관문은 송정관(松亭關)이다.

당(唐) 계주(薊州) ➡ 당(唐) 시기의 난하(灤河) ➡ 당장성(唐長城)의 동북방 출구인 송정관(松亭關)이 서쪽에서 동쪽 방향으로 위치한다.

당(唐) 시기의 난하(灤河)는 당장성(唐長城) 내에서 흐르는 하천인 것이다.

당장성(唐長城) 내에서 흐르는 유수(濡水)에서 개칭된 난하(灤河)와 당장성(唐長城) 동쪽 관문인 유림관(楡林關)에서 동쪽 멀리 떨어진 곳에 위치한 현(現) 난하(灤河)는 동일한 하천이 아니다.

학설 156)

당(唐) 계주(薊州) ➡ 당(唐) 시기의 난하(灤河) ➡ 당장성(唐長城)의 동북방 출구인 송정관(松亭關)이 서쪽에서 동쪽 방향으로 위치한다.
당장성(唐長城) 내에서 흐르는 유수(濡水)에서 개칭된 난하(灤河)와 당장성(唐長城) 동쪽 관문인 유림관(楡林關)에서 동쪽 멀리 떨어진 곳에 위치한 현(現) 난하(灤河)는 동일한 하천이 아니다.

학설156) 으로 '유수(濡水)가 현(現) 난하(灤河)'라는 한중일학계(韓中日學界)의 통설(通說)은 논파되었지만, 한중일학계(韓中日學界)는 '당장성(唐長城)이 현(現) 난하(灤河) 동쪽까지 축성되었다'고 주장하면서 부인할 것이다.

본 연구자가 당장성(唐長城)을 연구한 이유가 여기에 있다.

요수(遼水)는 고중국(古中國)의 고유영토 내에서 흐른다.

요수(遼水)에서 개칭된 유수(濡水)와 유수(濡水)에서 개칭된 당(唐) 시기의 난하(灤河)는 동일한 하천이다.

요수(遼水) · 유수(濡水) · 당(唐) 시기의 난하(灤河)는 당장성(唐長城) 내에서 흐른다.

한중일학계(韓中日學界)가 당장성(唐長城)과 명장성(明長城)의 위치는 거의 같다고 주장하지만, 현(現) 난하(灤河) 유역은 고조선(古朝鮮)과 고구려(髙句麗)의 영토였고, 명장성(明長城) 이전의 고중국(古中國) 장성들은 현(現) 난하(灤河)를 넘지 못했다.

4. 두 번째 임유현(臨渝縣)

한중일학계(韓中日學界)는 두 번째 임유현(臨渝縣)이 현(現) 난하(灤河) 유역에 위치한다고 주장하지만, 실제로는 조백하(潮白河) 유역에 위치한다.

구당서지리지(舊唐書地理志) 평주(平州) 편에 의하면

平州 隋為北平郡 武德二年改為平州 領臨渝肥如二縣 其年自臨渝移治肥如

在京師東北二千六百五十里 至東都一千九百里

盧龍 後漢肥如縣 屬遼西郡 石城 貞觀十五年 於故臨渝縣城置臨渝

평주(平州), 수(隋)에서는 북평군(北平郡)이며, 무덕(武德) 2년<AD 619년>,

평주(平州)로 개칭했고 임유현(臨渝縣)과 비여현(肥如縣)을 다스렸다.

같은 해, 치소를 임유현(臨渝)에서 비여현(肥如)으로 옮겼다.

경사(京師) 동북 2,650리(里)에 위치하고 동도(東都)까지 1,900리(里)이다.

[노룡현(盧龍縣)] 후한(後漢) 비여현(肥如縣)이며 요서군(遼西郡)에 속했다.

[석성현(石城縣)] 정관(貞觀) 15년<AD 641년>, 옛 임유현성(臨渝縣城)에

임유현(臨渝縣)을 설치했다.

후한(後漢) 요서군(遼西郡) 속현은 영지현(令支縣) · 비여현(肥如縣) · 해양현(海陽縣) · 양락현(陽樂縣) · 임유현(臨渝縣)으로 5개 현(現)에 불과한데, 연요동(燕遼東)을 벗어난 지역에 위치한 요서군(遼西郡) 속현은 모두 폐현되었기 때문이다.

따라서 후한서군국지(後漢書郡國志)에 기록된 임유현(臨渝縣)은 연요동(燕遼東)에 설치된 새로운 임유현(臨渝縣)으로, 만리장성동단(萬里長城東端) 임유현(臨渝縣)과 동일한 위치가 아니다.

만리장성동단(萬里長城東端) 임유현(臨渝縣)과 구분하기 위하여 이하, 두 번째 임유현(臨渝縣)이라 칭한다.

'AD 641년, 옛 임유현성(臨渝縣城)에 임유현(臨渝縣)을 설치했다'고 기록되어 있는데, AD 641년은 만리장성동단(萬里長城東端) 임유현(臨渝縣) 일대를 영토로 편입한 고구려(高句麗)가 멸망하기 이전이기 때문에 구당서지리지(舊唐書地理志)에 기록된 임유현(臨渝縣)은 두 번째 임유현(臨渝縣)을 지칭하고 있다.

신당서지리지(新唐書地理志) 평주(平州) 북평군(北平郡) 편에 의하면

平州北平郡 初治臨渝 武德元年徙治盧龍 [盧龍]本肥如 武德二年更名
[石城]本臨渝 武德七年省 貞觀十五年復置 萬歳通天二年更名 有臨渝關
一名臨閭關 有大海關 有碣石山

평주(平州) 북평군(北平郡), 처음에는 임유현(臨渝縣)에서 다스렸고 무덕(武德) 원년, 노룡현(盧龍縣)으로 치소를 옮겼다.
[노룡현(盧龍縣)] 본래 비여현(肥如縣)인데 무덕(武德) 2년, 이름을 바꿨다.
[석성현(石城縣)] 본래 임유현(臨渝縣)인데 무덕(武德) 7년<AD 624년>에 없앴다가 정관(貞觀) 15년<AD 641년>에 다시 설치하여 만세통천(萬歲通天) 2년<AD 697년>, 이름을 바꿨다. 임유관(臨渝關)이 있는데 임려관(臨閭關)이라고도 한다. 대해관(大海關)과 갈석산(碣石山)이 있다.

'AD 641년, 임유현(臨渝縣)이 재설치 되었다'는 기록과 임유관(臨渝關)과 갈석산(碣石山)을 보면서 광개토대왕 치세에 고구려(高句麗)의 영토로 편입된 만리장성동단(萬里長城東端)을 떠올릴 것이다.

하지만 AD 612년, 수(隋)가 고구려(高句麗)와의 전쟁 중에 의무려산(醫無閭山)과 대요수(大遼水) 사이에 위치한 무려라(武厲邏) 일대를 영토로 편입했을 뿐, 만리장성동단(萬里長城東端) 일대는 여전히 고구려(高句麗)의 영토였다.

구당서지리지(舊唐書地理志)와 마찬가지로 신당서지리지(新唐書地理志)에 기록된 임

유현(臨渝縣)이 두 번째 임유현(臨渝縣)임은 요사(遼史)로 검증된다.

AD 697년, 두 번째 임유현(臨渝縣)은 석성현(石城縣)으로 개칭되었으며, 이후 요(遼)의 영토로 편입되었다.

요사지리지(遼史地理志) 남경석진부(南京析津府) 편에 '석성현(石城縣)은 난주(灤州) 속현이며, 난주(灤州) 치소를 기준으로 남쪽 30리(里) 지점에 위치한다'고 기록되어 있다.

당장성(唐長城) 북쪽 요(遼) 중경대정부(中京大定府) 속주(屬州)와 달리 요(遼) 남경석진부(南京析津府) 속주(屬州)는 모두 당장성(唐長城) 내에 위치하고 있다.

따라서 난주(灤州)와 난주(灤州) 치소 남쪽 30리(里) 지점에 위치한 석성현(石城縣), 즉 당(唐) 평주(平州) 임유현(臨渝縣)은 당장성(唐長城) 내에 위치한다.

그리고 '요(遼) 난주(灤州) 치소는 옛 황락성(黃洛城)으로 난하(灤河)가 고리처럼 두르고 있는 곳'으로 기록되어 있다.

학설 156) 에 의하면

> 당(唐) 계주(薊州) ➡ 당(唐) 시기의 난하(灤河) ➡ 당장성(唐長城)의 동북방 출구인
> 송정관(松亭關)이 서쪽에서 동쪽 방향으로 위치한다.
> 당장성(唐長城) 내에서 흐르는 유수(濡水)에서 개칭된 난하(灤河)와 당장성(唐長城)
> 동쪽 관문인 유림관(楡林關)에서 동쪽 멀리 떨어진 곳에 위치한 현(現) 난하(灤河)는
> 동일한 하천이 아니다.

당(唐) 시기의 난하(灤河)가 난주(灤州)에서 흐르고 있으며, 난주(灤州)는 계주(薊州)와 접해 있다.

요(遼) 난주(灤州) 치소와 당(唐) 평주(平州) 임유현(臨渝縣)에서 개칭된 석성현(石城縣) 치소 간 거리는 30리(里)이며, 남경석진부(南京析津府)의 동쪽 한계는 천진시(天津市)이다.

따라서 당(唐) 평주(平州) 임유현(臨渝縣)은 당산시(唐山市)의 만리장성동단(萬里長城東端)에 위치한 첫 번째 임유현(臨渝縣)이 아니라 당장성(唐長城) 내 천진시(天津市)에 위치한 두 번째 임유현(臨渝縣)이다.

학설 157)

당(唐) 평주(平州) 임유현(臨渝縣)은 당산시(唐山市)의

만리장성동단(萬里長城東端)에 위치한 첫 번째 임유현(臨渝縣)이 아니라

당장성(唐長城) 내 천진시(天津市)에 위치한 두 번째 임유현(臨渝縣)이다.

5. 당(唐) 평주(平州)와 당장성(唐長城)

당(唐) 평주(平州)는 당장성(唐長城) 내에 위치한 군현(郡縣) 중 가장 동북쪽에 위치했다.

수경주(水經注) 유수(濡水) 편에 의하면 노룡새(盧龍塞)를 관통한 유수(濡水)가 영지현(令支縣)·비여현(肥如縣)·해양현(海陽縣)·류현(絫縣)을 차례로 지나 창해(滄海)에 입해(入海)했다.

당(唐) 평주(平州) 치소는 노룡현(盧龍縣)이며, 구당서지리지(舊唐書地理志)와 신당서지리지(新唐書地理志)에는 모두 '노룡현(盧龍縣)은 비여현(肥如縣)을 개칭한 현(縣)'이라고 기록되어 있다.

영지현(令支縣)이 당장성(唐長城) 남쪽에 접해 있으며, 그 남쪽에 위치한 비여현(肥如縣)에 노룡현(盧龍縣) 치소가 위치한다.

규주(嬀州) 치소와 당장성(唐長城) 간 거리는 90리(里)였고, 단주(檀州) 치소와 당장성(唐長城) 간 거리는 140리(里)였다.

영지현(令支縣)의 옛 영토 범위를 고려할 때, 노룡현(盧龍縣) 치소와 당장성(唐長城) 동북방 출구인 송정관(松亭關) 간 거리는 200리(里) 전후로 추정할 수 있다.

구당서지리지(舊唐書地理志) 평주(平州) 편에 의하면 평주(平州)는 경사(京師) 동북 2,650리(里)에 위치하고 동도(東都)까지 1,900리(里)이다.

따라서 낙양(洛陽)에서 평주(平州) 치소를 거쳐가는 여정에는 당장성동단(唐長城東端) 동북방 출구인 송정관(松亭關)이 낙양(洛陽)에서 2,100리(里) 전후 〈1,900리(里) + 200리(里) 전후〉 지점에 위치하고 있음을 알 수 있다.

학설 158)

당(唐) 동도(東都) 낙양(洛陽)에서 평주(平州) 치소를 거쳐가는 여정에는
당장성동단(唐長城東端) 동북방 출구인 송정관(松亭關)이 낙양(洛陽)에서
2,100리(里) 전후 지점에 위치한다.

---

6. 진장성(晉長城)과 수장성(隋長城) 그리고 당장성(唐長城)

촉(蜀)과 오(吳)를 멸망시켜 고중국(古中國)을 다시 통일한 진(晉)의 동북방 한계는 평주(平州)이며, 진(晉) 평주(平州)는 진장성(晉長城)을 벗어난 지역에 위치했다.

동북아고대사정립 1의 학설 35)에 의하면

진(晉) 낙랑군(樂浪郡)은 고중국(古中國)의 사민(徙民) 정책으로 진요동(秦遼東)에 설치된 교치(僑置)에 가까운 군(郡)이며, 설치 목적은 고구려(高句麗)가 AD 37년 이후 점유하고 있는 낙랑(樂浪) 땅에 대한 연고권 때문이다.
진(晉) 대방군(帶方郡)도 대요수(大遼水) 서쪽 진요동(秦遼東)에 위치한다.

진(晉) 평주(平州) 낙랑군(樂浪郡)은 만리장성동단(萬里長城東端) 일대에 위치했다.

진장성(晉長城) 내에서 가장 동북쪽에 위치한 군현(郡縣)은 요서군(遼西郡)으로, 진서지리지(晉書地理志) 유주(幽州) 요서군(遼西郡) 편에 의하면 속현은 양락현(陽樂縣) · 비여현(肥如縣) · 해양현(海陽縣)이다.

종합해보면 진(晉)은 진장성(晉長城)을 기준으로 서남쪽에는 요서군(遼西郡)을 설치했으며, 동북쪽에는 평주(平州)를 설치했음을 알 수 있다.

> **학설 159)**
> 진(晉)은 진장성(晉長城)을 기준으로 서남쪽에는 요서군(遼西郡)을 설치했으며, 동북쪽에는 평주(平州)를 설치했다.

수서지리지(隋書地理志) 북평군(北平郡) 노룡현(盧龍縣) 편에 수(隋) 북평군(北平郡)의 유일한 현(縣)은 노룡현(盧龍縣)이며, 장성이 있고 임유궁(臨渝宮)과 갈석(碣石)이 있다고 기록되어 있다.

북쪽으로 노룡새(盧龍塞)에 접해 있으며, 두 번째 임유현(臨渝縣)의 흔적인 임유궁(臨渝宮)과 갈석(碣石)을 감안하면 남쪽으로 창해(滄海)에 이르렀다.

수(隋) 북평군(北平郡)은 진(晉) 요서군(遼西郡)을 승계하였으므로, 그 영토 역시 수장성(隋長城) 내에 위치하고 있었음을 알 수 있다.

수서지리지(隋書地理志) 요서군(遼西郡) 유성현(柳城縣) 편에 의하면 수장성(隋長城) 밖에는 수(隋)의 동북방 한계인 요서군(遼西郡)이 위치한다.

당시 진요동(秦遼東)에서 고구려(高句麗)의 영토는 만리장성동단(萬里長城東端) 일대와 의무려산(醫無閭山)과 대요수(大遼水) 간 땅이다.

수(隋)와 고구려(高句麗)가 진요동(秦遼東)을 나누어 지배하고 있었던 것이다.

종합해보면 수(隋)는 수장성(隋長城)을 기준으로 서남쪽에는 북평군(北平郡)을 설치했으며, 동북쪽에는 요서군(遼西郡)을 설치했음을 알 수 있다.

> **학설 160)**
> 수(隋)는 수장성(隋長城)을 기준으로 서남쪽에는 북평군(北平郡)을 설치했으며, 동북쪽에는 요서군(遼西郡)을 설치했다.

이러한 수(隋) 북평군(北平郡)과 요서군(遼西郡)을 그대로 승계한 고중국(古中國)의 군현(郡縣)은 당(唐) 평주(平州)와 영주(營州)이다.

종합해보면 당(唐)은 당장성(唐長城)을 기준으로 서남쪽에는 평주(平州)를 설치했으며, 동북쪽에는 영주(營州)를 설치했음을 알 수 있다.

> 학설 161)
>
> 당(唐)은 당장성(唐長城)을 기준으로 서남쪽에는 평주(平州)를 설치했으며,
>
> 동북쪽에는 영주(營州)를 설치했다.

7. 당장성(唐長城) 동단(東端)

학설 142) 에 의하면

> 당(唐) 동도(東都) 낙양(洛陽)에서 규주(嬀州) 치소를 거쳐가는 여정에는
>
> 당장성(唐長城)이 낙양(洛陽)에서 2,000리(里) 지점에 위치한다.

학설 147) 에 의하면

> 당(唐) 동도(東都) 낙양(洛陽)에서 단주(檀州) 치소를 거쳐가는 여정에는
>
> 당장성(唐長城)의 출구인 고북구(古北口)가 낙양(洛陽)에서 1,984리(里) 지점에
>
> 위치한다.

학설 158) 에 의하면

> 당(唐) 동도(東都) 낙양(洛陽)에서 평주(平州) 치소를 거쳐가는 여정에는
>
> 당장성동단(唐長城東端) 동북방 출구인 송정관(松亭關)이 낙양(洛陽)에서 2,100리(里)
>
> 전후 지점에 위치한다.

당(唐) 동도(東都) 낙양(洛陽)을 기준으로 북쪽에서 북동쪽 방향으로 2,000리(里) 지점 · 1,984리(里) 지점 · 2,100리(里) 전후 지점에 당장성(唐長城)이 위치하고 있다.

당장성(唐長城)이 현(現) 난하(灤河) 동쪽까지 축성되었다면, 낙양(洛陽)의 위치를 감안할 때 당장성(唐長城)은 동쪽으로 갈수록 낙양(洛陽)에서 멀어져야 하며, 당장성동단(唐長城東端)은 낙양(洛陽)에서 3,000리(里) 전후 지점에 위치해야 한다.

하지만 정사서(正史書)의 거리 기록은 그러한 숫자를 보여주지 못하고 있다.

학설 154) 에 의하면

> 고북구(古北口)는 연경성(燕京城) 북쪽 300리(里) 지점에 위치하며, 송정관(松亭關)은
> 연경성(燕京城) 정동(正東)에서 약간 북쪽에 위치한다.
> 당장성(唐長城)은 고북구(古北口)에서 송정관(松亭關)까지 서쪽에서 동쪽 방향이
> 아니라 동남쪽 방향으로 축성된 장성이다.

그 이유는 당장성(唐長城)이 현(現) 북경시(北京市)에 위치한 당장성(唐長城) 출구인 고북구(古北口)에서 동쪽 방향이 아니라 동남쪽 방향으로 현(現) 천진시(天津市)까지 축성되었기 때문이다.

송정관(松亭關)을 지난 당장성(唐長城)은 연(燕) 요동군(遼東郡) 양평현(襄平縣)을 보호하던 요동고새(遼東故塞)와 연결되었으며, 창해(滄海)에 이르렀다.

진(晉) 시기, 연장성(燕長城)과 요동고새(遼東故塞)가 복구되면서 연장성(燕長城)은 진장성(晉長城) 동쪽 장성으로 승계되었으며, 이어서 당장성(唐長城) 동쪽 장성으로 승계된 것이다.

학설 155) 에 의하면

> 송(宋) 시기, 고북구(古北口) 남쪽 300리(里) 지점에 위치한 연경성(燕京城)을 기준으로
> 정동(正東)에서 약간 북쪽에 위치한 송정관(松亭關)까지의 거리가 450리(里)라면,
> 송정관(松亭關)은 천진시(天津市) 북부 지역을 벗어날 수 없다.
> 따라서 송(宋) 시기까지의 송정관(松亭關)은 현(現) 천진시(天津市) 북부 지역에
> 위치했다.

송정관(松亭關)은 연경성(燕京城)을 기준으로 거의 정동(正東)에 위치하지만, 현(現) 자금성(紫禁城)을 기준으로 보면 정동(正東)에서 약간 남쪽에 위치하게 된다.

450리(里)라면 송정관(松亭關)이 천진시(天津市) 동쪽 경계를 벗어난다는 견해는 명장성(明長城)이 축성된 이후에 가능한 해석으로, 해당 지역이 고중국(古中國)의 내지로 편입되면서 도로망이 눈에 띄게 정비되었기 때문일 것이다.

연경성(燕京城)과 송정관(松亭關) 간 거리가 불과 450리(里)임에도 불구하고 '송정관(松亭關)은 현(現) 난하(灤河) 관문'이라고 비정하는 것은 정사서(正史書)의 거리 기록을 전면 부정하는 것이다.

역사적 사실을 바탕으로 정사서(正史書)의 거리 기록들을 분석해 보면 당장성(唐長城), 연장성(燕長城), 진장성(晉長城)의 동단(東端)은 동일한 위치이며, 현(現) 하북성(河北省) 천진시(天津市)에 위치하고 있음을 알 수 있다.

학설 162)

당장성(唐長城), 연장성(燕長城), 진장성(晉長城)의 동단(東端)은 동일한 위치이며, 현(現) 하북성(河北省) 천진시(天津市)에 위치한다.

당장성(唐長城)을 연구한 결과

'당(唐) 평주(平州) 노룡현(盧龍縣)과 당장성(唐長城) 동단(東端)은
현(現) 하북성(河北省) 천진시(天津市)에 위치한다'

'당(唐) 평주(平州)에서 흐르는 유수(濡水)에서 개칭된 난하(灤河)는
현(現) 천진시(天津市)에서 흐르는 하천으로
현(現) 난하(灤河)와 동일한 하천이 아니다'

라는 역사적 사실을 알 수 있었다.

Part 3 고조선(古朝鮮)의 영토가 시작되는 천진시(天津市) 동북부 경계

1. 천진시(天津市)에 위치한 우갈석(右碣石)과 창해(滄海)

진서(晉書) 열전(列傳) 당빈(唐彬) 편에 '촉(蜀)과 오(吳)를 멸망시켜 고중국(古中國)을 통일한 진(晉)은 진장성(秦長城)과 새(塞)를 복구했는데, 온성(溫城)에서 갈석(碣石)까지 산과 골짜기가 이어지는 3,000리(里)에 군(軍)을 나누어 지키게 하고 봉후(烽堠)를 서로 바라보게 했다'고 기록되어 있다.

진장성(秦長城), 즉 만리장성은 연장성(燕長城)의 노룡새(盧龍塞)를 이어 축성되었기 때문에 진(晉)은 노룡새(盧龍塞)와 요동고새(遼東故塞)를 복구하여 진장성(晉長城)의 동쪽 장성으로 사용한 것이며, 진장성(晉長城) 동단(東端) 갈석(碣石)은 우갈석(右碣石)이다.

통전(通典) 권186, 변방(邊防) 2, 동이(東夷) 고구려(高句麗) 편에 의하면

> 碣石山在漢樂浪郡遂成縣 長城起於此山 今驗長城東截遼水而入高麗 遺址猶存
> 按尙書云 夾右碣石入於河 右碣石即河赴海處 在今北平郡南二十餘里
> 則高麗中為左碣石
>
> 갈석산(碣石山)은 한(漢) 낙랑군(樂浪郡) 수성현(遂成縣)에 있으며, 장성이
> 이 산에서 시작되었다. 장성이 동쪽으로 요수(遼水)를 끊고 고구려(高句麗)로
> 들어간 흔적이 아직도 남아 있다. 상서(尙書)에 '갈석(碣石)을 우(石)로 끼고 하(河)에
> 들어간다'고 기록되어 있다. 우갈석(右碣石)은 하(河)가 해(海)에 다다르는 곳 근처에
> 있는데, 지금의 북평군(北平郡) 남쪽 20여 리(里)이다.
> 그러므로 고구려(高句麗)에 있는 것은 좌갈석(左碣石)이다.

반면, 이민족(異民族)의 땅으로 뻗어나간 만리장성동단(萬里長城東端)을 상징하는 임유현(臨渝縣) 갈석(碣石)은 좌갈석(左碣石)이라 칭했다.

좌갈석(左碣石)이 위치한 만리장성동단(萬里長城東端)이 고구려(高句麗)의 영토로 편입되면서 좌갈석(左碣石), 즉 임유현(臨渝縣) 갈석(碣石)은 잊혀졌다.

따라서 고중국(古中國) 사료에는 우갈석(右碣石)에 관한 기록이 대부분이다.

'하(河)'는 황하(黃河)를 지칭하며, 우갈석(右碣石)이 위치한 '황하(黃河)가 해(海)에 다다르는 곳'을 현(現) 천진시(天津市) 북부 지역의 산악지대를 넘어선 곳에 비정할 수는 없다.

그러나 한중일 학계(韓中日學界)는 명장성(明長城) 축성 이후 역사 왜곡을 위해 만들어진 가짜 갈석산(碣石山), 즉 현(現) 진황도시(秦皇島市)에 위치한 산을 우갈석(右碣石)이라고 주장하고 있다.

진황도시(秦皇島市) 내 우갈석(右碣石)이 진짜라면 만리장성동단(萬里長城東端)과 좌갈석(左碣石)은 현(現) 요하(遼河) 하류 서쪽 유역으로 밀려나게 되며, 대요수(大遼水)는 현(現) 요하(遼河)로 비정될 수밖에 없다.

통전(通典)의 저자 두우(杜佑)〈AD 735 ~ 812년〉는 당(唐) 시기의 학자로, 그가 말한 '지금의 북평군(北平郡)'이란 당장성(唐長城) 내에 위치한 당(唐) 평주(平州) 북평군(北平郡)을 지칭한다.

'황하(黃河)가 해(海)에 다다르는 곳 근처에 우갈석(右碣石)이 있다'고 하면서 그곳이 당(唐) 평주(平州) 북평군(北平郡) 남쪽이라 기록했으므로, 당(唐) 평주(平州)가 현(現) 천진시(天津市)임은 다시 한번 검증되었다.

고중국(古中國)은 우갈석(右碣石)이 위치한 황하(黃河)가 입해(入海)한 바다를 창해(滄海)라 칭했다.

고중국(古中國)의 창해(滄海)는 지금은 육지가 되어버린 현(現) 천진시(天津市) 남부 지역인 것이다.

학설 163)

당장성(唐長城)의 종점(終點)인 우갈석(右碣石)은 당시의 황하(黃河)가 입해(入海)했던 창해(滄海)에 위치했다.
창해(滄海)는 지금은 육지가 되어버린 현(現) 천진시(天津市) 남부 지역이다.

---

2. 고중국(古中國) 고유영토의 동쪽 관문인 유림관(楡林關)

당장성(唐長城) 내에 위치한 군현(郡縣) 중 가장 동북쪽에 위치한 당(唐) 평주(平州)에 당장성(唐長城)에서 동쪽으로 나가는 관문이 있다.

고중국(古中國)은 당장성(唐長城) 동쪽 관문을 유림관(楡林關)이라 칭했으며, 연장성(燕長城)·진장성(晉長城)·수장성(隋長城)의 동쪽 관문도 당장성(唐長城) 동쪽 관문인 유림관(楡林關)과 동일하다.

고조선(古朝鮮)에 의해 만리장성의 임유관(臨渝關)이 소멸된 후, 유림관(楡林關)은 명장성(明長城)의 산해관(山海關)이 축성될 때까지 고중국(古中國) 영토 내에서 가장 동쪽에 위치한 장성의 관문이었다.

> **학설 164)**
>
> 고조선(古朝鮮)에 의해 만리장성의 임유관(臨渝關)이 소멸된 후, 유림관(楡林關)은 명장성(明長城)의 산해관(山海關)이 축성될 때까지 고중국(古中國) 영토 내에서 가장 동쪽에 위치한 장성의 관문이었다.

3. 당산시(唐山市)에 위치한 좌갈석(左碣石)

동북아고대사정립 1의 [명환 학설]에 의하면

> 유수(濡水) ➡ 연장성동단(燕長城東端) 양평현(襄平縣)과 요동고새(遼東故塞)
> ➡ 패수(浿水) ➡ 만리장성동단(萬里長城東端)이 위치한 진고공지(秦故空地) ➡
> 대요수(大遼水) ➡ 요동외요(遼東外徼) ➡ 전한낙랑군패수(前漢樂浪郡浿水) ➡
> 후한낙랑군패수(後漢樂浪郡浿水)가 서쪽에서 동쪽 방향으로 위치한다.

통전(通典) 고구려(高句麗) 편에 '장성이 동쪽으로 요수(遼水)를 끊고 고구려(高句麗)로 들어간 흔적이 아직도 남아 있다'고 기록되었는데, 요수(遼水)는 현(現) 조백하(潮白河)이고, 그 흔적은 만리장성의 흔적이다.

통전(通典)에서 두우(杜佑)가 언급한 요수(遼水)는 당장성(唐長城) 내에서 흐르는 유수(濡水)이자 당(唐) 시기의 난하(灤河)이다.

'유수(濡水) 또는 난하(灤河)를 끊고 고구려(高句麗)로 들어간 흔적이 아직도 남아 있다'고 두우(杜佑)가 기록을 했더라면 후대(後代) 역사가들이 좀 더 편하게 이해를 했겠지만, 사서(史書)를 이해하는 것은 역사가들의 몫이다.

요사지리지(遼史地理志) 남경석진부(南京析津府) 난주(灤州) 편에 '난주(灤州)에는 부소천(扶蘇泉)이 있는데 맛이 감미로우며, 진(秦)의 태자 부소(扶蘇)가 북쪽으로 장성을 쌓으며 이곳에 머물렀다'고 기록되어 있다.

요(遼) 난주(灤州)가 위치한 곳은 당장성(唐長城) 내 연요동(燕遼東)이다.

진시황(秦始皇)의 아들 부소(扶蘇)가 노룡새(盧龍塞)에서 동쪽으로 연장되는 만리장성 축성을 직접 감독했음을 알 수 있다.

이때 진(秦)은 한(漢)과 고조선(古朝鮮) 간 국경인 패수(浿水)를 넘어 패수(沛水), 즉 현(現) 난하(灤河)에 인접한 곳까지 만리장성을 축성했다.

그리고 고조선(古朝鮮)이 다시 수복할 때까지 패수(浿水)와 난하(灤河) 사이 진요동(秦遼東)은 잠시 진(秦)의 내지가 되었으며, 진요동(秦遼東)에도 고중국(古中國)의 동북방 한계를 상징하는 갈석(碣石)이라 불리는 곳이 생겼다.

그 갈석(碣石)이 '고구려(高句麗)의 영토 내에 위치했다'는 좌갈석(左碣石)이며, 좌갈석(左碣石)은 현(現) 하북성(河北省) 당산시(唐山市) 동부 지역에 위치한다.

학설 165)

통전(通典)에 '고구려(高句麗)의 영토 내에 위치했다'고 기록된 좌갈석(左碣石)은 만리장성동단(萬里長城東端) 임유현(臨渝縣) 갈석산(碣石山)이며, 현(現) 하북성(河北省) 당산시(唐山市) 동부 지역에 위치한다.

4. 천진시(天津市)의 동북부 경계인 패수(浿水)

회남왕(淮南王) 유안(劉安)이 편찬한 회남자(淮南子) 시측훈(時則訓)에 의하면

> 東方之極 自碣石山過朝鮮
>
> 동방(東方)의 끝 갈석산(碣石山)으로부터 조선(朝鮮)을 지난다.

회남자(淮南子)는 고중국(古中國) 황족(皇族) 유안(劉安)이 유학자(儒學者)들과 함께 저술한 일종의 백과사전으로 고조선(古朝鮮) 멸망〈BC 108 ~ 107년〉 이전에 편찬되었다.

따라서 유안(劉安)〈BC 179 ~ BC 122년〉 생애의 갈석산(碣石山)은 한(漢)과 고조선(古朝鮮) 간 국경인 패수(浿水) 동쪽에 위치한 좌갈석(左碣石)이 아니라, 패수(浿水) 서쪽에 위치한 당장성동단(唐長城東端)의 우갈석(右碣石)이다.

고조선(古朝鮮) 멸망 전, 우갈석(右碣石)이 위치한 현(現) 천진시(天津市)는 고중국(古中國) 고유영토의 동북방 한계였으며, 천진시(天津市) 동쪽 진요동(秦遼東)부터 고조선(古朝鮮)의 영토라는 역사적 사실이 회남자(淮南子)에 기록되어 있는 것이다.

우갈석(右碣石)이 위치한 현(現) 천진시(天津市) 동쪽 경계는 한(漢)과 고조선(古朝鮮) 간 국경인 패수(浿水)이며, 동북아고대사정립 1의 [명환 학설]에 의하면 패수(浿水) 서쪽, 즉 천진시(天津市)에는 연장성동단(燕長城東端) 양평현(襄平縣)과 요동고새(遼東故塞)가 위치한다.

결국 연요동(燕遼東)은 현(現) 천진시(天津市)이며, 연요동(燕遼東) 동쪽 국경인 패수(浿水)는 천진시(天津市) 동북부 경계임을 알 수 있다.

학설 166)

연요동(燕遼東)은 현(現) 천진시(天津市)이다.

연요동(燕遼東) 동쪽 경계이자 한(漢)과 고조선(古朝鮮) 간 국경인 패수(浿水)는

천진시(天津市) 동북부 경계이다.

---

5. 고중국(古中國)의 내지와 이민족(異民族)의 영역

진(晉) 시기, 진장성(晉長城) 동북쪽에는 해족(奚族)과 선비족(鮮卑族) 그리고 고조선(古朝鮮) 유민들이 살고 있었다.

당(唐) 시기, 당장성(唐長城) 동북쪽에는 해족(奚族)과 거란족(契丹族)이 살고 있었으며, 현(現) 난하(灤河) 일대는 고구려(高句麗)의 영토였다.

당(唐)은 해족(奚族)과 거란족(契丹族)의 거주지에 각각 요락(饒樂)과 송막(松漠)이라 칭하는 도독부(都督府)를 설치하여 속령(屬領)으로 삼았지만, 고중국(古中國)의 내지와 이민족(異民族)의 영역은 확실하게 구분되어 있었다.

신당서(新唐書) 북적열전(北狄列傳) 해조(奚條) 편에 '거란(契丹)이 점차 강성해져서 해(奚)가 감히 항거하지 못하고 모든 부족이 거란(契丹)에 복속되었는데, 가혹하게 다스리자 해(奚)가 원망하여 거제(去諸)가 부족을 이끌고 당(唐)으로 들어와 규주(嬀州) 북쪽 산(山)에 거주하니 동해(東奚)와 서해(西奚)로 나누어 졌다'고 기록되어 있다.

거란(契丹)의 폭정에서 벗어나기 위해 당장성(唐長城)을 넘어 고중국(古中國)의 내지인 규주(嬀州)의 영토로 이주한 해(奚)를 서해(西奚)라 칭했다.

당장성(唐長城)으로 인해 지리적으로 단절되었기 때문에 서해(西奚)와 동해(東奚)로 나누어 진 것이다.

연장성(燕長城)의 일부였던 노룡새(盧龍塞)가 당장성(唐長城)까지 이어졌다.

당장성(唐長城)은 고중국(古中國)의 내지와 이민족(異民族)의 영역을 구분하는 경계선이었다.

> 학설 167)
>
> 당장성(唐長城)은 고중국(古中國)의 내지와 이민족(異民族)의 영역을 구분하는
> 경계선이었다.

6. 명장성(明長城) 축성과 내지의 확장

동북아고대사정립 1의 [명환 학설]에 의하면

> 유수(濡水) ➡ 연장성동단(燕長城東端) 양평현(襄平縣)과 요동고새(遼東故塞)
> ➡ 패수(浿水) ➡ 만리장성동단(萬里長城東端)이 위치한 진고공지(秦故空地) ➡
> 대요수(大遼水) ➡ 요동외요(遼東外徼) ➡ 전한낙랑군패수(前漢樂浪郡浿水) ➡
> 후한낙랑군패수(後漢樂浪郡浿水)가 서쪽에서 동쪽 방향으로 위치한다.

　진요동(秦遼東)을 내지로 만들려고 했던 진(秦)은 현(現) 천진시(天津市) 동북부 경계인 패수(浿水)와 현(現) 난하(灤河) 사이에 만리장성을 축성했다.

　반면, 고구려(高句麗)를 멸망시킨 당(唐)은 당장성(唐長城)을 동쪽으로 연장하지 않았다.

　당(唐)이 당산시(唐山市)의 만리장성을 복구하여 당장성(唐長城)을 동쪽으로 연장했다면, 고구려(高句麗) 멸망 후, 100여 년 뒤에 활동했던 두우(杜佑)가 통전(通典)에 '만리장성은 흔적만 남아있을 뿐'이라고 기록할 수 없다.

　현(現) 당산시(唐山市)와 진황도시(秦皇島市)가 고중국(古中國)의 내지로 편입된 것은 명장성(明長城)이 축성되면서 발생한 일이다.

　고중국(古中國)의 내지가 확장된 만큼 당장성(唐長城) 내에 위치했던 행정명들도 동북쪽으로 이동했다.

학설 168)

명장성(明長城) 축성 이후, 현(現) 당산시(唐山市)와 진황도시(秦皇島市)가
고중국(古中國)의 내지로 편입되었다.
고중국(古中國)의 내지가 동북쪽으로 확장된 만큼 당장성(唐長城) 내에 위치했던
행정명들도 동북쪽으로 이동했다.

第13章

북경시(北京市) 자금성(紫禁城)과 계성(薊城) 연구

한중일학계(韓中日學界)의 통설(通說)에 의하면 전국칠웅(戰國七雄)의 하나인 연(燕)의 수도 계성(薊城)은 현(現) 북경시(北京市) 내에 위치한다.

하지만 이는 역사적 사실이 아니다.

연(燕)의 수도 계성(薊城)은 현(現) 보정시(保定市) 내에 위치한다.

Part 1 고수(沽水)가 현(現) 백하(白河)라는 잘못된 통설(通說)

1. 광양군(廣陽郡) 치소가 된 계성(薊城)

2. 광양군(廣陽郡)의 위치

3. 계성(薊城)과 영정하(永定河) 간 거리

4. 대군(代郡)·상곡군(上谷郡)·어양군(漁陽郡)을 관통한 영정하(永定河)

5. 고수(沽水)가 현(現) 백하(白河)라는 한중일학계(韓中日學界)의 통설(通說)

6. 북위(北魏) 시기의 계성(薊城)

1. 광양군(廣陽郡) 치소가 된 계성(薊城)

한서지리지(漢書地理志)에 의하면 AD 2년, 한(漢)의 인구수는 59,594,978명이다.

그중 유주(幽州)의 인구수는 3,922,822명이며, 유주(幽州)에 속한 군(郡)의 인구수는 다음과 같다.

발해군(勃海郡)	905,119명	우북평군(右北平郡)	320,780명
탁군(涿郡)	782,764명	요서군(遼西郡)	352,325명
대군(代郡)	278,754명	요동군(遼東郡)	272,539명
상곡군(上谷郡)	117,862명	현도군(玄菟郡)	221,815명
어양군(漁陽郡)	264,116명	낙랑군(樂浪郡)	406,748명

대군(代郡)과 어양군(漁陽郡) 사이에 위치한 상곡군(上谷郡)의 영토는 대부분 산악지대여서 인구수가 가장 적었다.

상곡군(上谷郡) 내에 계성(薊城)이 위치했는데, 상곡군(上谷郡)을 쪼개어 광양군(廣陽郡)을 설치했다.

후한서군국지(後漢書郡國志) 유주(幽州) 광양군(廣陽郡) 편에 의하면

廣陽郡 高帝置為燕國 昭帝更名為郡 世祖省并上谷 永平八年復 五城

薊 本燕國 刺史治 廣陽 昌平 故屬上谷 軍都 故屬上谷 安次 故屬勃海

광양군(廣陽郡), 고제(高帝)가 설치하여 연국(燕國)이 되었으며, 소제(昭帝)가 개명(更名)하여 광양군(廣陽郡)이 되었고, 세조(世祖)가 상곡군(上谷郡)에 병합했는데 영평(永平) 8년에 다시 광양군(廣陽郡)이 되었다. 5개 성(城)이 있다.

계현(薊縣) <본래 연국(燕國)이며 자사(刺史)가 다스린다>, 광양현(廣陽縣), 창평현(昌平縣) <예전에는 상곡군(上谷郡)에 속했다>, 군도현(軍都縣) <예전에는 상곡군(上谷郡)에 속했다>, 안차현(安次縣) <예전에는 발해군(勃海郡)에 속했다>.

광양군(廣陽郡)에 5개 성(城)이 있는데, 계성(薊城)이 치소이다.

한서지리지(漢書地理志)에 의하면 광양군(廣陽郡)의 인구수는 70,658명이다.

AD 25 ~ 57년, 후한(後漢) 광무제(光武帝)의 재위기간에 광양군(廣陽郡)은 상곡군(上谷郡)에 병합되었는데, AD 65년, 다시 분리되었다.

후한서군국지(後漢書郡國志)에 의하면 광양군(廣陽郡) 북쪽에 상곡군(上谷郡)이 접해 있으며, 광양군(廣陽郡) 남쪽에 탁군(涿郡)이 접해 있다.

2. 광양군(廣陽郡)의 위치

후한서군국지(後漢書郡國志)에 의하면 낙양(洛陽)에서 광양군(廣陽郡) 남쪽 탁군(涿郡) 치소 탁성(涿城)까지 거리는 1,800리(里)이다.

후한서군국지(後漢書郡國志) 유주(幽州) 광양군(廣陽郡) 편 계현(薊縣)에 관한 주석에 의하면

> 漢官曰雒陽東北二千里
> 한관(漢官)이 낙양(洛陽) 동북 2,000리(里)라고 말했다.

낙양(洛陽)을 기준으로 계성(薊城)은 탁성(涿城)보다 200리(里) 더 북쪽에 위치하고 있음을 알 수 있다.

수경주(水經注) 습여수(濕餘水) 편에 '저양성(沮陽城) 동남쪽 60리(里) 지점에 거용관(居庸關)이 위치한다'고 기록되어 있다.

저양성(沮陽城)은 한(漢) 상곡군(上谷郡) 치소이며, 거용새(居庸塞) 서북쪽에 위치하고 있다.

반면, 광양군(廣陽郡)의 5개 성(城)은 모두 거용새(居庸塞) 동남쪽에 위치한다.

광양군(廣陽郡)은 거용새(居庸塞) 동남쪽에 접해 있는 군(郡)인 것이다.

광양군(廣陽郡)은 인구수가 70,658명에 불과한 거용관(居庸關)을 방어하는 변방(邊防)의 군(郡)이었다.

에 의하면

> 거용새(居庸塞)는 역수(易水) 서쪽 태행산맥(太行山脈)에 위치한
>
> 연장성서단(燕長城西端) 조양(造陽)에서 동북쪽으로 현(現) 영정하(永定河)까지
>
> 축성된 장성으로 노룡새(盧龍塞)와 함께 연장성(燕長城)의 일부이다.

거용새(居庸塞)는 현(現) 영정하(永定河)까지 축성된 장성이다.

따라서 거용새(居庸塞) 동남쪽에 접해 있는 광양군(廣陽郡)은 현(現) 영정하(永定河) 남쪽에 위치한다.

학설 169)

계성(薊城)이 치소인 광양군(廣陽郡)은 현(現) 영정하(永定河) 남쪽에 위치한다.

광양군(廣陽郡)은 인구수가 70,658명에 불과하며, 거용관(居庸關)을 방어하는

거용새(居庸塞) 동남쪽에 접한 변방(邊防)의 군(郡)이다.

---

3. 계성(薊城)과 영정하(永定河) 간 거리

수경(水經) 습여수(濕餘水) 편에 의하면

> 濕餘水出上谷居庸關東 東流過軍都縣南 又東流過薊縣北 又北屈
>
> 東南至狐奴縣 西入于沽河
>
> 습여수(濕餘水)는 상곡군(上谷郡)의 거용관(居庸關) 동쪽에서 시작된다.
>
> 동쪽으로 흘러 군도현(軍都縣) 남쪽을 지나고 계속 동쪽으로 흘러 계현(薊縣) 북쪽을
>
> 지나는데, 또한 북쪽으로 굽어 흐르다가 동남쪽으로 흘러 호노현(狐奴縣)에 이르러
>
> 서쪽으로 고하(沽河)로 들어간다.

거용관(居庸關) 동쪽에서 시작된 습여수(濕餘水)가 동쪽으로 흘러 계현(薊縣) 북쪽을 지나며, 어양군(漁陽郡) 호노현(狐奴縣)에 이르러 고하(沽河)에 합류했다.

고하(沽河)는 고수(沽水)의 별칭으로 현(現) 영정하(永定河)이기에 습여수(濕餘水)는 영정하(永定河) 서쪽 지류이다.

따라서 습여수(濕餘水)가 흐르는 거용관(居庸關)·군도성(軍都城)·계성(薊城)은 모두 현(現) 영정하(永定河) 서남쪽에 위치한다.

수경주(水經注) 습여수(濕餘水) 편에 '습여수(濕餘水)는 동쪽으로 흘러 계성(薊城)을 지나며, 또한 동쪽으로 흘러 창평현고성(昌平縣故城)을 지난다'고 기록되어 있는데, 위토지기(魏土地記)를 인용하여 '계성(薊城) 동북 140리(里) 지점에 창평성(昌平城)이 위치한다'고 기록되어 있다.

그리고 '창평현고성(昌平縣故城)을 지난 습여수(濕餘水)는 동남쪽으로 흘러 안락현고성(安樂縣故城) 서쪽을 지난 후, 호노현(狐奴縣) 서남쪽에서 동쪽으로 흘러 고하(沽河), 즉 현(現) 영정하(永定河)로 들어간다'고 기록되어 있다.

창평현(昌平縣) 동쪽에서 영정하(永定河)가 어양군(漁陽郡)을 관통하고 있는 것이다.

따라서 계성(薊城)은 영정하(永定河)에서 서남쪽으로 140리(里) 이상 떨어진 지점에 위치한다.

> **학설 170)**
>
> 연(燕)의 수도였던 계성(薊城)은 현(現) 영정하(永定河)에서 서남쪽으로 140리(里) 이상 떨어진 지점에 위치한다.
>
> 현(現) 영정하(永定河) 서쪽 지류인 습여수(濕餘水)가 흐르는 거용관(居庸關) 또한 영정하(永定河) 서남쪽에 위치한다.

4. 대군(代郡)·상곡군(上谷郡)·어양군(漁陽郡)을 관통한 영정하(永定河)

광양군(廣陽郡)을 기준으로 서북쪽에 영정하(永定河)가 관통하는 대군(代郡)이, 북쪽에 영정하(永定河)가 관통하는 상곡군(上谷郡)이, 동북쪽에 영정하(永定河)가 관통하는 어양군(漁陽郡)이 위치한다.

한서지리지(漢書地理志) 유주(幽州) 대군(代郡) 편에 의하면

> 平舒 祁夷水北至桑乾入沽
>
> 평서현(平舒縣), 기이수(祁夷水)가 북쪽으로 흘러 상건현(桑乾縣)에 이르러
> 고수(沽水)로 들어간다.

> 且如 于延水出塞外 東至寧入沽
>
> 차여현(且如縣), 우연수(于延水)가 새(塞) 밖에서 들어와 동쪽으로 흘러 녕현(寧縣)에
> 이르러 고수(沽水)로 들어간다.

고수(沽水)는 대군(代郡) 속현 상건현(桑乾縣)에서 흐르고 있는데, 상건현(桑乾縣)으로 인해 고수(沽水)를 상건수(桑乾水)라 칭하기도 했다.

상곡군(上谷郡) 속현 녕현(寧縣)에서 고수(沽水)가 흐르고 있다.

한서지리지(漢書地理志) 유주(幽州) 상곡군(上谷郡) 편에 의하면

> 軍都 溫餘水東至路南入沽
>
> 군도현(軍都縣), 온여수(溫餘水)가 동쪽으로 흘러 로현(路縣)에 이르러 남쪽으로 흘러
> 고수(沽水)로 들어간다.

어양군(漁陽郡) 속현 로현(路縣)에서 고수(沽水)가 흐르고 있다.

한서지리지(漢書地理志) 유주(幽州) 어양군(漁陽郡) 편에 의하면

> 漁陽 沽水出塞外 東南至泉州 入海
>
> 어양현(漁陽縣), 고수(沽水)가 새(塞) 밖에서 들어와 동남쪽으로 흘러 천주현(泉州縣)에
> 이르러 입해(入海)한다.

어양군(漁陽郡) 치소 어양현(漁陽縣)과 속현 천주현(泉州縣)에서 고수(沽水)가 흐르고 있다.

고수(沽水)는 대군(代郡) 상건현(桑乾縣)과 상곡군(上谷郡) 녕현(寧縣) 그리고 어양군(漁陽郡)의 어양현(漁陽縣)·로현(路縣)·천주현(泉州縣)에서 차례대로 흐른 후 입해(入海)했다.

한서지리지(漢書地理志)에서 고수(沽水)라 칭한 하천을 수경(水經)에서는 고하(沽河)라 칭했으며, 수경주(水經注)에서는 고수(沽水)와 고하(沽河)를 혼용했다.

고하(沽河)는 고수(沽水)의 별칭인 것이다.

한서지리지(漢書地理志)에서는 고수(沽水)의 상류로 현(現) 산서성(山西省)에서 흐르는 상건하(桑乾河)를 기록했다.

반면, 수경주(水經注)에서는 상건하(桑乾河)가 동쪽으로 흘러 현(現) 장가구시(張家口市) 회래현(懷來縣)에서 만나는 양하(洋河)를 고수(沽水)의 상류로 기록했다.

대곡수(大谷水)가 합류한 이후부터 고수(沽水)로 기록된 수경주(水經注)에 '고수(沽水)는 적성(赤城) 동쪽을 지난다'고 기록되어 있는데, 적성(赤城)을 지나는 하천은 현(現) 양하(洋河)이다.

따라서 고수(沽水)는 현(現) 상건하(桑乾河)가 동쪽으로 흘러 현(現) 장가구시(張家口市) 회래현(懷來縣)에서 양하(洋河)와 합류한 후 동남쪽으로 흘러 현(現) 북경시(北京市) 서남부 지역을 관통한 후, 다시 동쪽으로 흘러 천진시(天津市) 해하(海河)에 합류하는 하천으로 현(現) 영정하(永定河)이다.

현(現) 영정하(永定河)의 고대 입해처(入海処)는 현재처럼 천진시(天津市) 해하(海河)가 아니라, 북경시(北京市) 남쪽에 위치한 옹노현(雍奴縣) 동쪽의 늪지대 같은 해(海)였으며, 이 늪지대는 어양군(漁陽郡) 속현 천주현(泉州縣)의 영토에 속해 있었다.

> **학설 171)**
> 고수(沽水)는 현(現) 백하(白河)가 아니라 현(現) 영정하(永定河)이다.

5. 고수(沽水)가 현(現) 백하(白河)라는 한중일학계(韓中日學界)의 통설(通說)

한중일학계(韓中日學界)의 통설(通說)에 의하면 고수(沽水)는 북경시(北京市) 동북부 지역을 관통하는 백하(白河)이다.

대군(代郡) 상건현(桑乾縣)·상곡군(上谷郡) 녕현(寧縣)·어양군(漁陽郡) 어양현(漁陽縣)에서 흐르는 고수(沽水)가 현(現) 백하(白河)라는 주장은 터무니없다.

한중일학계(韓中日學界)는 '전국칠웅(戰國七雄) 연(燕)의 수도 계성(薊城)은 자금성(紫禁城) 인근'이라는 잘못된 통설(通說)을 고수하고 있다.

고수(沽水)가 전국칠웅(戰國七雄) 연(燕)의 수도 계성(薊城) 동북쪽에서 흐르는 하천이라는 역사적 사실을 부정할 학자는 없다.

이러한 이유로 한중일학계(韓中日學界)는 고수(沽水)의 위치에 대해 잘못된 주장을 할 수밖에 없는 것이다.

한중일학계(韓中日學界)는 '상곡군(上谷郡)은 자금성(紫禁城) 서북쪽에 위치하고 어양군(漁陽郡)은 자금성(紫禁城) 동북쪽에 위치하므로 사료의 기록과 일치한다'는 억지를 부리고 있다.

현(現) 산서성(山西省)에 위치한 대군(代郡)에서 고수(沽水)가 흐른다는 한서지리지(漢書地理志)의 기록이 무시되고, 상곡군(上谷郡)과 어양군(漁陽郡)이 백하(白河) 유역에 비정되면, 현(現) 조백하(潮白河)인 요수(遼水)는 동쪽으로 밀려나 현(現) 난하(灤河)로 비정될 수밖에 없다.

수 많은 사료에 계성(薊城)은 현(現) 북경시(北京市)에 위치한다고 기록되어 있지만, 그 계성(薊城)은 북경시(北京市)로 옮겨진 후대의 계성(薊城)이다.

동북아고대사(東北亞古代史)는 대부분 역사 왜곡을 바로잡지 못한 학자들이 남긴 후대의 기록으로 정리되었는데, 한중일학계(韓中日學界)가 과거를 탐구하는 연구를 소홀히 하고 후대의 기록을 맹목적으로 따르는 점은 비판받아 마땅하다.

한서지리지(漢書地理志)·수경(水經)·수경주(水經注)에 대한 연구를 통해, 계성(薊城)·거용관(居庸關)·군도관(軍都關)·군도성(軍都城)·창평성(昌平城)은 모두 현(現) 영정하(永定河) 서남쪽에 위치하고 있었음을 확인할 수 있다.

따라서 '전국칠웅(戰國七雄) 연(燕)의 수도인 계성(薊城)은 자금성(紫禁城) 인근에 있었다'는 한중일학계(韓中日學界)의 통설(通說)은 역사적 사실이 아니다.

'계성(薊城)이 현(現) 영정하(永定河)에서 서남쪽으로 140리(里) 이상 떨어진 지점에 위치한다'는 사실을 감안하면 계성(薊城)은 현(現) 보정시(保定市) 내에 위치한다.

또한 한(漢) 어양군(漁陽郡) 어양현(漁陽縣)은 북경시(北京市) 서부 지역에 위치하며, 한(漢) 어양군(漁陽郡) 로현(路縣)은 북경시(北京市) 서남부 지역에 위치한다.

6. 북위(北魏) 시기의 계성(薊城)

위서지형지(魏書地形志) 유주(幽州) 연군(燕郡) 편에 의하면

燕郡 故燕 漢高帝為燕國 昭帝改為廣陽郡 領縣五
薊 二漢屬廣陽 有燕昭王陵 燕惠王陵 廣陽 二漢屬廣陽
良鄉 二漢屬涿 軍都 前漢屬上谷 後漢屬廣陽 晉屬 有觀石山 軍都關 昌平城
安城 前漢屬渤海 後漢屬廣陽 有安次城
연군(燕郡), 옛 연(燕)인데 한(漢) 고제(高帝)가 연국(燕國)으로 삼았으며, 소제(昭帝)는
고쳐서 광양군(廣陽郡)을 설치했다. 5개 현(縣)을 통솔(統率)한다.
계현(薊縣) <두 한(漢)에서 광양군(廣陽郡)에 속했다. 연(燕) 소왕릉(昭王陵)과
혜왕릉(惠王陵)이 있다>, 광양현(廣陽縣) <두 한(漢)에서 광양군(廣陽郡)에 속했다>,
양향현(良鄉縣) <두 한(漢)에서 탁군(涿郡)에 속했다>,
군도현(軍都縣) <전한(前漢)에서는 상곡군(上谷郡)에 속했고 후한(後漢)에서는
광양군(廣陽郡)에 속했으며 군도관(軍都關)과 창평성(昌平城)이 있다>,
안성현(安城縣) <전한(前漢)에서는 발해군(渤海郡)에 속했고 후한(後漢)에서는
광양군(廣陽郡)에 속했으며 안차성(安次城)이 있다>.

북위(北魏) 시기, 유주(幽州) 치소는 연군(燕郡) 계성(薊城)이다.

계현(薊縣)에 위치한 연(燕) 소왕릉(昭王陵)과 연(燕) 혜왕릉(惠王陵)은 북위(北魏) 시기의 계성(薊城)이 전국칠웅(戰國七雄) 연(燕)의 수도임을 암시한다.

양향현(良鄕縣)이 편입되어 있는 것을 제외하면 북위(北魏) 연군(燕郡)은 후한(後漢) 광양군(廣陽郡)과 거의 같다.

북위(北魏) 연군(燕郡)은 후한(後漢) 광양군(廣陽郡)을 승계했으며, 북위(北魏) 시기의 계성(薊城)은 한(漢) 시기의 계성(薊城)과 동일한 위치이다.

> 학설 172)
> 북위(北魏) 시기의 계성(薊城)은 한(漢) 시기의 계성(薊城)과 동일한 위치이다.

학설172)는 위서지형지(魏書地形志)의 기록만으로 내린 결론이 아니며, 수경주(水經注)로 교차 검증한 결과이다.

위서지형지(魏書地形志)는 북위(北魏)의 정사서(正史書)이며, 수경주(水經注)의 저자 역도원(酈道元)은 북위(北魏) 사람이다.

두 사료의 기록을 연구하면 '북위(北魏) 시기의 계성(薊城)은 한(漢) 시기의 계성(薊城)과 동일한 위치'라는 사실을 알 수 있다.

학설172)에서 주목해야 할 점은 북위(北魏) 시기까지도 현(現) 북경시(北京市)는 고중국(古中國)의 동북방 중심지가 아니라는 점이다.

수(隋) 시기에 이르러서야 고중국(古中國)은 현(現) 북경시(北京市)를 중요시 했으며, 전국칠웅(戰國七雄) 연(燕)의 수도라는 상징성을 갖고 있는 계성(薊城)이라는 행정명을 북경시(北京市)로 이동시키면서 고중국(古中國)의 동북방 중심지 또한 보정시(保定市)에서 북경시(北京市)로 이동했다.

Part 2 보정시(保定市)에서 북경시(北京市)로 옮겨간 계성(薊城)

1. 계성(薊城)과 연장성(燕長城)

현(現) 산서성(山西省) 대동시(大同市) 북쪽에는 명(明)이 축성한 외장성(外長城)이 있으며, 남쪽에는 안문관(雁門關)을 중심으로 한 내장성(內長城)이 존재한다.

두 장성 사이의 지역은 본래 흉노(匈奴)의 영토였으며, 내장성(內長城)은 한(漢)과 흉노(匈奴) 사이의 국경 역할을 하였다.

이하, 외장성(外長城)과 내장성(內長城) 사이 흉노(匈奴)의 영토를 산서성흉노영토(山西省匈奴領土)라 칭한다.

전국시대(戰國時代) 연(燕)은 서북쪽으로 산서성흉노영토(山西省匈奴領土)와 접해 있었으며, 북쪽으로는 동호(東胡)와 접해 있었다.

이러한 이유로 연(燕)은 서북쪽에 위치한 산서성흉노영토(山西省匈奴領土)의 흉노(匈奴)를 방어하기 위하여 태행산맥(太行山脈)에 위치한 조양(造陽)에서 현(現) 영정하(永定河)까지 동북 방향으로 거용새(居庸塞)를 축성했다.

또한 연(燕)은 북쪽에 위치한 동호(東胡)를 방어하기 위해 영정하(永定河)에서 현(現) 천진시(天津市) 북부 지역까지 노룡새(盧龍塞)를 축성했다.

사기(史記) 卷110 흉노열전(匈奴列傳)에 의하면

> 燕亦築長城 自造陽 至襄平 置上谷 漁陽 右北平 遼西 遼東郡以拒胡
>
> 연(燕)도 장성을 쌓았는데, 조양(造陽)에서 양평(襄平)에 이르렀다. 상곡(上谷)·어양(漁陽)·우북평(右北平)·요서(遼西)·요동군(遼東郡)을 두어 호(胡)를 방어했다.

'至襄平'은 '장성이 요수(遼水) 동쪽 양평(襄平) 땅에 도달했다'는 의미로, 여기서의 요수(遼水)가 현(現) 요하(遼河)라는 한중일학계(韓中日學界)의 통설은 터무니없다.

현(現) 산서성(山西省)과 하북성(河北省)의 흉노(匈奴)와 동호(東胡)를 방어하기 위한 장성이 현(現) 요하(遼河) 동쪽까지 축성되었을 가능성은 없기 때문이다.

연(燕)은 노룡새(盧龍塞)로 하북성(河北省) 북부 지역의 동호(東胡)를 방어했다.

연(燕)은 양평현(襄平縣) 동쪽을 방어하기 위해 동쪽에도 새(塞)를 축성했는데, 양평현(襄平縣) 동쪽 새(塞)가 바로 패수(浿水) 서쪽 요동고새(遼東故塞)이다.

요동고새(遼東故塞)는 고조선(古朝鮮)으로부터 연(燕) 요동군(遼東郡)을 방어하기 위해 노룡새(盧龍塞) 동단(東端)부터 창해(滄海)까지 축성된 장성이다.

연장성(燕長城)은 '거용새(居庸塞) + 노룡새(盧龍塞) + 요동고새(遼東故塞)'로 이어지는 방어체계(防禦體系)인 것이다.

> **학설 173)**
>
> 거용새(居庸塞)는 연(燕) 서북쪽에 위치한 흉노(匈奴)를 방어하기 위한 장성이었으며,
> 노룡새(盧龍塞)는 연(燕)이 북쪽으로 밀어낸 동호(東胡)를 방어하기 위한 장성이었고,
> 요동고새(遼東故塞)는 연(燕)이 동쪽으로 밀어낸 고조선(古朝鮮)을 방어하기 위한
> 장성이었다.

연(燕)은 연장성(燕長城)에 접해 있는 영토에 연(燕) 5군(郡)을 설치했는데, 연장성서단(燕長城西端) 조양(造陽)은 연(燕) 상곡군(上谷郡)이며, 연장성동단(燕長城東端) 양평(襄平)은 연(燕) 요동군(遼東郡)이다.

연(燕)의 도회지(都會地)인 탁군(涿郡)과 연(燕)의 마지막 수도인 계현(薊縣)을 기준으로 연장성(燕長城)은 서남 ➡ 서 ➡ 서북 ➡ 북 ➡ 동북 방향으로 축성되었다.

연장성(燕長城) 축성 후, 고중국(古中國)은 북경시(北京市) 남부 지역과 천진시(天津市)를 내지로 탈바꿈 시켰다.

> **학설 174)**
>
> 연장성(燕長城) 축성 후, 고중국(古中國)은 북경시(北京市) 남부 지역과
> 천진시(天津市)를 내지로 탈바꿈 시켰다.

2. 변방(邊方) 요새(要塞)였던 연(燕) 5군(郡)

사기(史記) 흉노열전(匈奴列傳)에 '연(燕)이 연장성(燕長城)을 축성한 후, 상곡군(上谷郡)·어양군(漁陽郡)·우북평군(右北平郡)·요서군(遼西郡)·요동군(遼東郡)을 설치했다'고 기록되어 있다.

이하, 연(燕) 5군(郡)이라 칭한다.

연(燕) 5군(郡)은 연장성(燕長城)을 수비(守備)하는 변방의 요새(要塞)로 정상적인 군(郡)이 아니었다.

따라서 군사행정구역이었던 어양군(漁陽郡)·우북평군(右北平郡)·요서군(遼西郡)·요동군(遼東郡)은 당시 연(燕)의 변방인 북경시(北京市) 남부와 천진시(天津市)에 치우쳐 있었다.

한서지리지(漢書地理志)에도 '상곡군(上谷郡)·어양군(漁陽郡)·우북평군(右北平郡)·요서군(遼西郡)·요동군(遼東郡)은 연(燕)이 아니라 진(秦)이 처음 설치했다'고 기록되어 있다.

진(秦)이 연(燕) 5군(郡)의 행정명을 차용하여 정상적인 군(郡)을 설치한 것이다.

황제가 관리를 파견하여 직접 지배하는 군현제(郡縣制)가 진(秦) 시기에 처음으로 도입되었다는 역사적 사실만으로도, 우리가 일반적으로 인식하는 '정상적인 의미의 군(郡)'은 진(秦)대부터 비로소 시작되었다고 해석되어야 한다.

결과적으로, 연(燕)이 설치한 5군(郡)은 우리가 일반적으로 인식하고 있는 군(郡)이 아니라 연장성(燕長城)을 방어하기 위한 변방의 요새(要塞)였음은 분명하다.

> 학설 175)
> 연(燕)이 설치한 5군(郡)은 우리가 일반적으로 인식하고 있는 군(郡)이 아니라
> 연장성(燕長城)을 방어하기 위한 변방의 요새(要塞)였다.

참고로 연(燕) 5군(郡) 중 상곡군(上谷郡)과 어양군(漁陽郡) 사이에 거용관(居庸關)이 위치했는데, 거용관(居庸關)은 연(燕)의 수도인 계성(薊城)에서 직접 관리했다.

연(燕)의 수도는 얼핏 연(燕)의 중심지인 탁성(涿城)이 더 적절한 위치로 보이지만, 방어하기 쉬운 입지가 최우선인 시기에는 연(燕)의 마지막 수도인 계성(薊城)이 더 적절한 위치이다.

3. 연장성서단(燕長城西端) 조양(造陽)과 상곡군(上谷郡) 저양현(沮陽縣)

연장성동단(燕長城東端) 양평현(襄平縣)은 연(燕) 5군(郡) 중 하나인 연(燕) 요동군(遼東郡) 그 자체였다.

연(燕) 요동군(遼東郡)은 행정명만 놓고 보면 요수(遼水) 동쪽을 아우르는 군(郡)이지만, 실제로는 변방의 관청 역할을 한 일개(一介) 요새(要塞)에 불과하였다.

연장성서단(燕長城西端) 상곡군(上谷郡), 즉 조양(造陽) 또한 변방의 관청 역할을 한 일개(一介) 요새(要塞)였다.

현(現) 영정하(永定河) 유역에 한(漢) 상곡군(上谷郡)이 설치되면서, 연(燕)의 영토 중 가장 서남쪽에 위치했던 조양(造陽)은 후대 상곡군(上谷郡)과는 거리가 먼 지역이 되었다.

연장성서단(燕長城西端) 조양(造陽)에는 한(漢) 탁군(涿郡)에 속한 고안현(故安縣)이 설치되었다.

그러나 학자들은 한(漢) 상곡군(上谷郡) 치소 저양현(沮陽縣)을 연장성서단(燕長城西端)으로 오인했다.

> 학설 176)
> 연장성서단(燕長城西端) 조양(造陽)에는 한(漢) 탁군(涿郡)에 속한
> 고안현(故安縣)이 설치되었다.

4. 수(隋) 시기, 동북쪽으로 이동한 계성(薊城)

수서지리지(隋書地理志) 어양군(漁陽郡) 편에 의하면

> 漁陽郡 統縣一 戶三千九百二十五
> 無終 後齊置後周又廢徐無縣入焉 大業初置漁陽郡 有長城 有燕山無終山
> 어양군(漁陽郡). 속현은 1개이고 호(戶)는 3,925이다.
> 무종현(無終縣), 후제(後齊)가 설치했는데 후주(後周)가 다시 폐(廢)하여
> 서무현(徐無縣)에 편입시켰다. 대업(大業) 초에 어양군(漁陽郡)을 설치했다. 장성이
> 있고 연산(燕山)과 무종산(無終山)이 있다.

수(隋) 시기, 북위(北魏) 어양군(漁陽郡) 북부 지역에 위치한 무종현(無終縣)과 서무현(徐無縣)의 영토에 수(隋) 어양군(漁陽郡)이 설치되었다.

장성은 노룡새(盧龍塞) 남쪽에 접해 있음을 의미하며, 연산(燕山)과 무종산(無終山)이 위치한 땅은 한(漢) 우북평군(右北平郡)이자 진(晉) 북평군(北平郡)의 영토이다.

참고로 북위(北魏) 어양군(漁陽郡) 남부 지역은 수(隋) 탁군(涿郡)의 영토로 편입되었기 때문에 수(隋) 어양군(漁陽郡)의 영토는 모두 북경시(北京市) 내에 위치했다.

수서지리지(隋書地理志) 탁군(涿郡) 편에 의하면

> 涿郡 統縣九 戶八萬四千五十九
> 薊 良鄕 安次 涿 固安 雍奴 昌平 懷戎 有涿水 阪泉水 潞
> 탁군(涿郡). 속현은 9개이고 호(戶)는 84,059이다.
> 계현(薊縣), 양향현(良鄕縣), 안차현(安次縣), 탁현(涿縣), 고안현(固安縣).
> 옹노현(雍奴縣), 창평현(昌平縣), 회융현(懷戎縣) <탁수(涿水)와 판천수(阪泉水)가
> 있다>, 로현(潞縣)이 있다.

북위(北魏) 어양군(漁陽郡) 속현인 옹노현(雍奴縣)과 로현(潞縣)이 수(隋) 탁군(涿郡)의 속현이 되었다.

그런데 무종현(無終縣)과 서무현(徐無縣) 남쪽에 접해 있는 토은현(土垠縣)이 수(隋) 어양군(漁陽郡)과 수(隋) 탁군(涿郡) 어디에도 보이지 않고 종적을 감추었다.

수경주(水經注) 포구수(鮑丘水) 편에 의하면 토은현(土垠縣) 서쪽에 로현(潞縣)이 위치하며, 남쪽에는 옹노현(雍奴縣)이 위치한다.

토은현(土垠縣)이 북경시(北京市) 남부 지역에 위치하고 있음은 명백하기 때문에 '로현(潞縣)이 북경시(北京市) 서남부 지역에, 옹노현(雍奴縣)이 북경시(北京市) 남쪽에 위치한다'는 점도 명백하다.

수(隋) 탁군(涿郡) 소속의 탁현(涿縣)과 계현(薊縣)은 본래 위치에서 동북쪽으로 이동한 행정명으로, 본래 탁현(涿縣) 북쪽에 위치했던 계현(薊縣)은 수(隋) 탁군(涿郡)에서는 동쪽에 위치했다.

탁현(涿縣)과 계현(薊縣)의 행정명이 동북쪽으로 이동함에 따라, 고중국(古中國)의 동북방 중심지도 보정시(保定市)에서 북경시(北京市)로 옮겨졌다.

탁현(涿縣)이 행정명만 동북쪽으로 이동했다는 근거는 다음과 같다.

1. 한서지리지(漢書地理志) 유주(幽州) 탁군(涿郡) 편에 의하면 탁군(涿郡) 치소 탁현(涿縣)에는 래수(淶水)가 흐른다.

2. 래수(淶水)는 역수(易水)가 합류하는 하천으로 탁군(涿郡)에서는 주요 하천이다.

3. 수서지리지(隋書地理志)에 의하면 수(隋) 상곡군(上谷郡)은 한(漢) 탁군(涿郡)을 승계했는데, 수(隋) 상곡군(上谷郡)에는 여전히 역수(易水)가 흐른다.

4. 래수(淶水)가 흐르는 래수현(淶水縣) 또한 수(隋) 상곡군(上谷郡) 속현이다.

5. 수(隋) 상곡군(上谷郡)의 영토에 현(現) 북경시(北京市) 서남쪽에 접해 있는 탁주시(涿州市)는 포함되지 않는다.

6. 탁현(涿縣)이라는 행정명이 이동한 곳은 현(現) 탁주시(涿州市)이다.

탁현(涿縣)이라는 행정명이 동북쪽으로 이동하면서 낙양(洛陽)을 기준으로 탁현(涿縣)보다 200리(里) 더 멀리 위치했던 계현(薊縣)이라는 행정명 또한 동북쪽으로 이동했는데, 이동한 곳은 토은현(土垠縣)이다.

한(漢) 우북평군(右北平郡) 및 진(晉) 북평군(北平郡) 속현이었던 토은현(土垠縣)이 계현(薊縣)으로 개칭된 것이다.

> **학설 177)**
>
> 수(隋) 시기, 탁현(涿縣)이라는 행정명이 동북쪽으로 이동하여 현(現)
>
> 탁주시(涿州市)에 안착했다.
>
> 더불어 한(漢) 우북평군(右北平郡) 및 진(晉) 북평군(北平郡) 속현이었던
>
> 토은현(土垠縣)은 계현(薊縣)으로 개칭되었다.

계현(薊縣)이라는 행정명이 동북쪽으로 이동하면서, 새로 설치된 계현(薊縣)의 치소는 계성(薊城)이라 불리게 되었다.

그리고 전국칠웅(戰國七雄) 연(燕)의 수도 계성(薊城)은 점차 쇠퇴하였고, 결국 역사적으로 그 중요성을 상실한 채 잊혀졌다.

수(隋) 시기부터 계성(薊城)은 전국칠웅(戰國七雄) 연(燕)의 수도인 계성(薊城)과 동일한 위치가 아니다.

수(隋) 시기, 동북쪽으로 이동한 계성(薊城)을 이하, 두 번째 계성(薊城)이라 칭한다.

두 번째 계성(薊城)은 전국칠웅(戰國七雄) 연(燕)의 수도 계성(薊城) 동북쪽에 위치한다.

> **학설 178)**
>
> 수(隋) 시기, 계현(薊縣)이라는 행정명이 동북쪽으로 300리(里)를 이동했다.
>
> 두 번째 계성(薊城)은 전국칠웅(戰國七雄) 연(燕)의 수도 계성(薊城) 동북쪽에
>
> 위치한다.

5. 수(隋) 시기, 계성(薊城)의 위치

AD 611년, '고구려(高句麗)를 치겠다'는 조서를 내린 수(隋) 양제(煬帝)의 행차가 탁군(涿郡) 치소 계성(薊城)의 임삭궁(臨朔宮)에 도착하자, 고중국(古中國)의 군사들이 탁군(涿郡)으로 모여들었으며, 다음 해에 수(隋)와 고구려(高句麗) 간 두 번째 전쟁이 발발했다.

AD 612년, 수(隋) 양제(煬帝)가 고구려(高句麗)로 군사를 출발시키기 전, '남쪽 상건수(桑乾水)에서 토지 신령께 제사를 지냈다'고 삼국사기(三國史記) 고구려본기(高句麗本紀) 영양왕(嬰陽王) 편에 기록되어 있다.

수(隋) 탁군(涿郡) 남쪽 상건수(桑乾水)는 현(現) 영정하(永定河)이며, 수(隋) 시기, 탁군(涿郡) 치소 계성(薊城)은 고중국(古中國)의 두 번째 계성(薊城)으로 영정하(永定河) 북쪽에 인접해 있음을 알 수 있다.

현(現) 북경시(北京市) 영정하(永定河) 북쪽은 대흥구(大興區)이며, 당(唐) 시기의 계성(薊城)은 수(隋) 시기의 계성(薊城)과 동일한 성(城)이다.

> 학설 179)
> 동북쪽으로 이동해 온 두 번째 계성(薊城)인 수(隋)·당(唐) 시기의 계성(薊城)은
> 현(現) 북경시(北京市) 대흥구(大興區) 내에 위치했다.

'수(隋)·당(唐) 시기의 두 번째 계성(薊城)이 현(現) 북경시(北京市) 대흥구(大興區) 내에 위치했다'고 주장하는 근거는 다음과 같다.

학설 150) 에 의하면

> 요(遼) 연경(燕京)은 당(唐) 계성(薊城) 북쪽 84리(里) 지점에 축성되었다.
> 연경(燕京)이 계성(薊城) 북쪽 84리(里) 지점에 위치했으므로 계현(薊縣) 북쪽에
> 위치한 새로운 현(縣)이라는 의미를 부여하기 위해 계현(薊縣)에 북(北)을 추가하여
> 계북현(薊北縣)으로 개칭하였다.

수(隋), 당(唐) 시기의 두 번째 계성(薊城)은 토은현(土垠縣)에서 계현(薊縣)으로 개칭된 지역에 위치해 있었다.

반면, 요(遼) 연경(燕京)이 위치한 곳은 계북현(薊北縣)으로, 토은현(土垠縣) 북부 지역을 관할하는 새로운 현(縣)이다.

요사지리지(遼史地理志) 남경석진부(南京析津府) 편에 의하면 계북현(薊北縣)은 석진현(析津縣)으로 개칭되었으며, 요(遼) 연경(燕京)의 공식 행정명은 남경석진부(南京析津府)이다.

요(遼) 연경(燕京)은 남쪽으로 현(現) 영정하(永定河)에 인접해 있는 수(隋) · 당(唐) 시기의 두 번째 계성(薊城)보다 84리(里) 더 북쪽에 위치했다.

하지만 그곳 또한 현(現) 북경시(北京市)의 중심지보다 남쪽에 위치해 있었다.

요사지리지(遼史地理志) 서경대동부(西京大同府) 편에 의하면 탁록산(涿鹿山)이 위치한 당(唐) 시기의 신주(新州)는 요(遼) 서경(西京)의 속주(屬州)이다.

그리고 '신주(新州)를 기준으로 서북쪽 440리(里) 지점은 요(遼) 서경(西京)'이라고 기록되어 있으며, '신주(新州)를 기준으로 동남쪽 300리(里) 지점은 요(遼) 남경(南京)'이라고 기록되어 있다.

따라서 요(遼) 서경(西京)인 현(現) 산서성(山西省) 대동시(大同市)를 기준으로 동남쪽 740리(里) 지점에 요(遼) 남경(南京)이 위치하고 있다.

현(現) 탁록현(涿鹿县)의 중심지는 대동시(大同市) 동남쪽이 아니라 동북쪽에 위치하기 때문에 '신주(新州)는 현(現) 탁록현(涿鹿县)'이라는 통설(通說)은 요사지리지(遼史地理志)의 기록에 부합(符合)하지 않는다.

이로 보아 탁록현(涿鹿县)이라는 행정명이 북쪽으로 옮겨졌음을 알 수 있다.

결국, 신주(新州)의 치소와 요(遼) 남경(南京)은 한중일학계(韓中日學界)가 비정한 곳보다 남쪽에 자리하고 있었다.

요사지리지(遼史地理志) 서경대동부(西京大同府) 편에 '유주(儒州) 진양군(縉陽軍)은 당(唐)이 설치했으며, 후당(後唐) 동광(同光) 2년에 신주(新州)에 예속시켰다'고 기록되어 있다.

또한 '유주(儒州)에는 고하(沽河)가 흐른다'고 기록되어 있는데, 고하(沽河)는 고수(沽水)의 별칭으로 현(現) 영정하(永定河)이다.

'유주(儒州) 속현은 진산현(縉山縣) 하나인데 본래 한(漢) 광녕현(廣甯縣)의 땅이었으며, 당(唐) 천보(天寶) 년간에 규주(嬀州)를 나누어 진산현(縉山縣)을 설치했다'고 기록되어 있다.

유주(儒州)에는 현(現) 영정하(永定河)가 흐르고 있으므로 유주(儒州)는 규주(嬀州) 북쪽에 접해 있음을 알 수 있다.

따라서 현(現) 탁록현(涿鹿縣)은 신주(新州)가 아니라 유주(儒州)일 가능성이 높다.

현(現) 탁록산(涿鹿山)은 현(現) 산서성(山西省) 대동시(大同市)를 기준으로 동남쪽에 위치하므로 요(遼) 신주(新州)의 치소는 탁록산(涿鹿山) 일대에서 찾아야 할 것이다.

탁록산(涿鹿山) 일대를 기준으로도 현(現) 북경시(北京市)의 중심지는 동남쪽이 아니라 동북쪽에 위치한다.

결국 '신주(新州)를 기준으로 동남쪽 300리(里) 지점에 위치한다는 요(遼) 남경(南京), 즉 연경(燕京)은 현(現) 북경시(北京市)의 중심지보다 남쪽에 위치한다'는 결론에 도달한다.

현(現) 북경시(北京市) 중심지는 자금성(紫禁城)이다.

명(明)이 건국되고 현(現) 북경시(北京市) 일대를 통치하기 위하여 설치했던 관부(官府)는 순천부(順天府)이다.

명(明) 영락제(永樂帝)는 순천부(順天府)를 명(明)의 새로운 수도인 북경(北京)으로 정하고 자금성(紫錦城)을 축성했다.

상거란사(上契丹事)에 의하면 왕증(王曾)은 연경(燕京) ➡ 망경관(望京館) ➡ 순주(順州) ➡ 단주(檀州) ➡ 금구관(金溝館) ➡ 고북구(古北口) ➡ 신관(新館) ➡ 와여래관(臥如來館) ➡ 유하관(柳河館) ➡ 타조부락관(打造部落館) ➡우산관(牛山館) ➡ 녹아협관(鹿兒峽館) ➡ 철장관(鐵漿館) ➡ 부곡관(富穀館) ➡ 통천관(通天館) ➡ 중경대정부(中京大定府)의 여정을 거쳤다.

따라서 현(現) 북경시(北京市) 자금성(紫錦城)이 축성된 곳은 연경(燕京)이 아니라, 연경(燕京) 북쪽에 위치한 순주(順州)인 것이다.

> **학설 180)**
>
> 현(現) 북경시(北京市) 자금성(紫錦城)이 축성된 곳은 연경(燕京)이 아니라,
> 연경(燕京) 북쪽에 위치한 순주(順州)이다.

상거란사(上契丹事)에 의하면 요(遼) 연경(燕京) 북문(北門)을 나가 망경관(望京館)까지 40리(里)이며, 망경관(望京館)에서 순주(順州)까지 50리(里)이다.

따라서 요(遼) 연경(燕京)과 순주(順州) 간 거리는 90리(里)이다.

학설150)에 의하면 요(遼) 연경성(燕京城)은 당(唐) 계성(薊城) 북쪽 84리(里) 지점에 축성되었다.

따라서 수(隋) · 당(唐) 시기의 두 번째 계성(薊城)은 '현(現) 북경시(北京市) 자금성(紫禁城) 남쪽 174리(里) 지점에 위치한다'는 결론에 도달했으며, 수(隋) · 당(唐) 시기의 두 번째 계성(薊城)은 '현(現) 북경시(北京市) 대흥구(大興區) 내에 위치했다'고 주장할 수 있게 되었다.

> **학설 181)**
>
> 수(隋) · 당(唐) 시기의 두 번째 계성(薊城)은 현(現) 북경시(北京市) 자금성(紫禁城)
> 남쪽 174리(里) 지점에 위치한다.

에 의하면

> 북위(北魏) 시기의 계성(薊城)은 한(漢) 시기의 계성(薊城)과 동일한 위치이다.

북송(北宋) 시기의 학자 사마광(司馬光)의 자치통감(資治通鑑)에 '계성(薊城)은 상건수(桑乾水), 즉 현(現) 영정하(永定河) 북쪽에 위치한다'고 기록되어 있다.

사마광(司馬光)은 '상건수(桑乾水) 북쪽에 계성(薊城)이 위치한다'고 기록하면서 '성읍(城邑)에 변천(變遷)이 있다'고 기록했다.

사마광(司馬光)의 자치통감(資治通鑑)에 기록된 계성(薊城)은 자금성(紫禁城) 남쪽 174리(里) 지점에 위치한 수(隋)·당(唐) 시기의 두 번째 계성(薊城)으로 이때의 계성(薊城)은 남쪽으로 현(現) 영정하(永定河)에 인접해 있었다.

사마광(司馬光)은 계성(薊城)의 본래 위치가 그 곳이 아님을 인지하고 있었던 것이다.

6. 네 번째 계성(薊城)인 자금성(紫禁城)

학설150)에 의하면 수(隋)·당(唐) 시기의 두 번째 계성(薊城)이 위치한 곳은 요(遼) 연경(燕京) 남쪽 84리(里) 지점이다.

한중일학계(韓中日學界)의 통설(通說)에 의하면 요(遼) 연경(燕京)과 계성(薊城)은 동일한 위치이다.

하지만 당(唐) 계현(薊縣)에 위치한 두 번째 계성(薊城)과 요(遼) 계북현(薊北縣)에 위치한 요(遼) 연경(燕京)은 위치가 다르다.

이하, 요(遼) 연경(燕京)을 세 번째 계성(薊城)이라 칭한다.

한중일학계(韓中日學界)의 통설(通說)에 의하면 자금성(紫禁城)과 세 번째 계성(薊城)인 요(遼) 연경(燕京) 또한 동일한 위치이다.

하지만 자금성(紫禁城)은 세 번째 계성(薊城) 북쪽 90리(里) 지점에 위치한다.

이하, 자금성(紫禁城)을 네 번째 계성(薊城)이라 칭한다.

네 번째 계성(薊城)인 자금성(紫禁城)은 세 번이나 동북 방향으로 이동한 계성(薊城)을 지칭하며, 첫 번째 계성(薊城)에 비해 동북쪽으로 상당히 멀리 떨어져 있다.

계성(薊城)은 동북 방향으로 한 번에 이동한 것이 아니라 세 차례에 걸쳐 옮겨졌고, 첫 번째 이동과 세 번째 이동 사이에는 800년이 넘는 시간 차가 있으므로, 이를 역사 왜곡의 의도로 보기는 어렵다.

그보다 우리가 주목해야 할 점은, 계성(薊城)이 이동함에 따라 첫 번째 계성(薊城) 일대의 행정명(行政名)들도 함께 옮겨졌다는 역사적 사실이다.

대표적인 예가 거용관(居庸關)이다.

학설 169) 에 의하면

> 계성(薊城)이 치소인 광양군(廣陽郡)은 현(現) 영정하(永定河) 남쪽에 위치한다.
> 광양군(廣陽郡)은 인구수가 70,658명에 불과하며, 거용관(居庸關)을 방어하는
> 거용새(居庸塞) 동남쪽에 접한 변방(邊防)의 군(郡)이다.

계성(薊城)과 거용관(居庸關)은 원래 현(現) 영정하(永定河) 남쪽에 위치했는데, 네 번째 계성(薊城)인 자금성(紫禁城) 서북쪽에는 여전히 거용관(居庸關)이 위치한다.

이와 같은 사례로 고북구(古北口) 등 비슷한 예가 많이 있다.

7. 명장성(明長城)과 늘어난 내지

네 번째 계성(薊城)인 자금성(紫禁城)이 고중국(古中國)의 수도가 되면서 발생한 가장 큰 변화는 명장성(明長城)의 축성이다.

만리장성과 당장성(唐長城)의 일부가 된 노룡새(盧龍塞)는 현(現) 보정시(保定市)에 위치한 계성(薊城)을 보호하기 위해 축성된 장성이다.

한편, 명장성(明長城)은 자금성(紫禁城)을 보호하기 위해 축성된 장성이다.

상거란사(上契丹事)에 의하면 자금성(紫禁城)과 노룡새(盧龍塞)의 출구인 고북구(古北口) 간 거리는 당(唐) 기준척(基準尺)으로 210리(里)이다.

자금성(紫禁城)이 황제의 거처임을 감안하면 210리(里)는 너무 가까운 거리이다.

별다른 설명이 필요 없을 만큼 상식적인 이유이므로, 결론적으로 명장성(明長城)은 노룡새(盧龍塞) 북쪽에 축성되었으며, 동쪽으로도 현(現) 난하(灤河)를 넘어 만리장성보다 더 먼 지점까지 축성되었다.

장성이 더 높고 더 멀면 그만큼 내지가 늘어난다.

고중국(古中國)은 늘어난 내지에 기존의 행정명을 옮겨 사용하는 일이 빈번했는데 경계점(境界點)을 상징하는 지명들이 있기 때문에 이점은 충분히 이해할 수 있다.

하지만 행정명을 이동시키면서 기록을 남기지 않아 역사상 중요한 유적들이 망각되는 것은 아쉬운 일이다.

8. 가짜 고죽성(孤竹城)과 조선성(朝鮮城)

현(現) 난하(灤河) 유역에 위치한 조선성(朝鮮城)을 근거로 난하(灤河) 유역이 고조선(古朝鮮)의 영토였다고 주장하는 사람들이 있다.

그러나 조선성(朝鮮城)이 위치한 곳은 북위(北魏) 북평군(北平郡)이자 당(唐) 평주(平州)로 그곳은 고조선(古朝鮮)의 영토가 될 수 없는 곳이다.

또한 조선성(朝鮮城)과 인접한 곳에 고죽성(孤竹城)도 있는데, 북위(北魏) 북평군(北平郡)이자 당(唐) 평주(平州)가 위치한 곳은 원래 고죽국(孤竹國)의 영토였기 때문이다.

유수(濡水)와 원래의 난하(灤河)는 현(現) 조백하(潮白河)이며, 역사 조작이 없었다면 고죽성(孤竹城)과 조선성(朝鮮城)은 현(現) 조백하(潮白河) 유역에 남아 있어야 한다.

그러나 이 두 성(城)은 현(現) 난하(灤河) 유역에 위치하고 있다.

결론적으로, 현(現) 난하(灤河)는 유수(濡水)가 아니기 때문에 현(現) 난하(灤河) 유역의 고죽성(孤竹城)과 조선성(朝鮮城)은 가짜이며, 이 두 성(城)이 존재함으로써 현(現) 난하(灤河)가 유수(濡水)로 조작되었음을 알 수 있다.

반면, 현(現) 고죽성(孤竹城)과 조선성(朝鮮城)이 진짜라면 필자의 이론체계가 틀린 것이며, 현(現) 난하(灤河) 유역은 [고대 한국]이 단 한번도 영토로 편입한 적이 없는 고중국(古中國)의 고유영토임이 명백해진다.

동북아고대사(東北亞古代史)를 제대로 공부한 사람이라면 유수(濡水)가 동북아(東北亞)의 역사지명 비정에서 얼마나 중요한 하천인가를 알 것이다.

유수(濡水)는 한(漢) 요서군(遼西郡) 서부 지역을 흐르며, 이 지역이 고중국(古中國)의 고유영토였음을 증명한다.

그러나 역사 조작으로 유수(濡水)가 동쪽으로 이동하면서 한(漢) 요서군(遼西郡) 서부 지역도 고조선(古朝鮮)의 영토였던 곳으로 이동했다.

유수(濡水)와 함께 행정명 및 해당 지역을 상징하는 유적들도 이동해야 역사 조작이 성공할 수 있다.

행정명의 이동은 하천명의 이동과 더불어 어려운 일이 아니지만 유적은 가짜를 만들지 않는 한 이동이 불가능하다.

학설 182)

현(現) 난하(灤河) 유역의 고죽성(孤竹城)과 조선성(朝鮮城)은 가짜이다.
고죽성(孤竹城)과 조선성(朝鮮城)은 현(現) 조백하(潮白河) 유역에 위치해야 한다.

한서지리지(漢書地理志)와 후한서군국지(後漢書郡國志) 그리고 수경주(水經注)에 의하면 유수(濡水) 유역에 고죽성(孤竹城)이 위치해야 한다.

위서지형지(魏書地形志) 평주(平州) 북평군(北平郡) 편에 의하면 북위(北魏)가 북연(北燕)의 낙랑조선인(樂浪朝鮮人)들을 비여현(肥如縣)으로 이주시켜 조선현(朝鮮縣)을 설치, 조선성(朝鮮城)을 치소로 삼았기 때문에 유수(濡水) 유역에는 조선성(朝鮮城) 또한 위치해야 한다.

북송(北宋)의 학자인 낙사(樂史)〈930~1007년〉의 저서 태평환우기(太平寰宇記)에도 '평주(平州) 노룡현(盧龍縣)에 조선성(朝鮮城)이 있다'고 기록되어 있다.

명(明)의 국가 전략가가 유수(濡水)를 현(現) 난하(灤河)로 탈바꿈 시키는 역사 왜곡을 자행하면, 현(現) 난하(灤河)는 요수(遼水)로 둔갑하고, 대요수(大遼水)는 동쪽으로 밀려나 현(現) 요하(遼河)의 자리를 차지하게 된다.

조선(朝鮮)의 학자들이 역사 왜곡을 눈치챌 수도 있으므로 명(明)의 국가 전략가 입장에서는 조선(朝鮮)의 학자들을 속일 수 있는 떡밥이 필요하다.

현(現) 난하(灤河) 동쪽 유역은 낙랑(樂浪) 땅이기 때문에 한(漢) 요서군(遼西郡) 서부 지역을 상징하는 고죽성(孤竹城)이 절대로 위치할 수 없다.

한(漢) 요서군(遼西郡) 서부 지역을 상징하는 당(唐) 평주(平州) 노룡현(盧龍縣)에 위치하고 있음이 명백한 조선성(朝鮮城) 또한 마찬가지이다.

그러나 현(現) 난하(灤河) 동쪽에 고죽성(孤竹城)과 조선성(朝鮮城)이 등장했다.

현(現) 난하(灤河)를 유수(濡水), 즉 고죽국요수(孤竹國遼水)로 탈바꿈 시키고, 현(現) 난하(灤河) 동쪽이 고죽국(孤竹國)의 영토이자 한(漢) 요서군(遼西郡)의 영토였음을 각인 시키기 위한 떡밥이다.

현(現) 난하(灤河)와 현(現) 요하(遼河)를 각각 요수(遼水)와 대요수(大遼水)라는 프레임에 가둬버린 이 떡밥은 600여 년 동안 성공적이었다.

패수(浿水) 동쪽에 위치한 패수(沛水)는 현(現) 난하(灤河)이다.

고중국(古中國) 전국시대(戰國時代), 진개(秦開)의 동정(東征)으로 고조선(古朝鮮)이 진요동(秦遼東)을 상실했지만, 패수(沛水)를 서쪽 국경으로 낙랑(樂浪)이 건재했기 때문에 고중국(古中國)의 만리장성은 패수(沛水) 즉, 현(現) 난하(灤河)를 넘지 못했다.

고조선(古朝鮮) 멸망 후, 패수(沛水)는 대요수(大遼水)로 개칭되었으며, 고구려(高句麗) 멸망 후, 대요수(大遼水)는 요하(遼河)로 개칭되었다.

따라서 요수(遼水)에서 개칭된 유수(濡水) 또는 옛 난하(灤河)가 흐르는 땅은 고중국(古中國)의 영토였으며, 대요수(大遼水) 또는 옛 요하(遼河)가 흐르는 땅은 고조선(古朝鮮)의 영토였다.

하지만 명장성(明長城) 축성 후, 옛 요하(遼河)는 현(現) 난하(灤河)로, 옛 난하(灤河)는 조백하(潮白河)로 개칭되면서 현(現) 난하(灤河) 일대가 고조선(古朝鮮)의 영토가 아닌 고중국(古中國)의 영토로 탈바꿈하였다.

이는 명백한 국가적 차원의 역사 왜곡이다.

한중일학계(韓中日學界)가 명(明)의 역사 왜곡을 기획한 명(明)의 국가 전략가에게 감쪽같이 속아온 것이다.

명(明)의 국가 전략가는 본인의 국가를 위해 할 일을 한 것이다.

많이 늦었지만 이제라도 휘어진 척추를 똑바로 세우듯이 동북아고대사(東北亞古代史)를 정립(正立)하면 명(明)의 역사 왜곡은 물론이고 당(唐)의 역사 왜곡까지 바로 잡을 수 있다.

第14章

북경시(北京市) 내에 위치한 우북평군(右北平郡) 연구

Part 1 우북평군(右北平郡) 중심지인
북경시(北京市) 남부 지역

요동군(遼東郡)은 고중국(古中國)의 동북방에서
동방의 이민족(異民族)을 상대하는 역할을 수행했다.

한편, 우북평군(右北平郡)은 한자(漢字) 그대로
북방의 이민족(異民族)을 상대하는 역할을 수행했다.

1. 고북구(古北口) 남쪽에 위치한 어양군(漁陽郡)

2. 한(漢) 어양현(漁陽縣)의 역사

3. 한(漢) 우북평군(右北平郡)의 역사

4. 북평군(北平郡)과 북평성(北平城)으로 개칭된
   우북평군(右北平郡)과 우북평성(右北平城)

5. 포구수(鮑丘水)와 북평성(北平城)

6. 고중국(古中國)의 동북방 요충지였던 토은현(土垠縣)

1. 고북구(古北口) 남쪽에 위치한 어양군(漁陽郡)

한서지리지(漢書地理志) 어양군(漁陽郡) 편에 의하면 백단현(白檀縣)에서 흐르는 혁수(洫水)는 북쪽 만이(蠻夷)에서 시작되었다.

한(漢) 시기, 중국 본토의 이(夷)족들이 화하족(華夏族)에 동화되어 한족(漢族)이 되면서 사라졌고, 이민족(異民族)을 지칭하는 새로운 용어로 '만이(蠻夷)'가 등장했다.

학설 135) 에 의하면

> 한(漢) 어양군(漁陽郡) 노룡새(盧龍塞)의 출구는 고북구(古北口)로, 고북구(古北口)
> 남쪽에는 백단현(白檀縣)이 위치하는데 단주(檀州)로 승계되었다.
> 반면, 조조(曹操)의 군대는 한(漢) 우북평군(右北平郡) 노룡새(盧龍塞)의 출구를 나간
> 후에 백단(白檀)을 지났으므로 두 백단(白檀)은 위치한 곳이 다르다.

백단현(白檀縣)은 한(漢) 어양군(漁陽郡) 속현 중 가장 북쪽에 위치했으며, 혁수(洫水)가 흘렀으나 고수(沽水)와 포구수(鮑丘水)는 흐르지 않았다.

수경주(水經注) 포구수(鮑丘水) 편에 의하면 고수(沽水)와 포구수(鮑丘水)는 모두 백단현(白檀縣) 서남쪽에서 흘렀다.

활염현(滑鹽縣) 남쪽을 지난 포구수(鮑丘水)는 남쪽으로 흘러 제해현(厗奚縣)을 지나고, 서남쪽으로 흘러 광평현(獷平縣)을 지나며, 동남쪽으로 흘러 어양현(漁陽縣)을 지난 후, 북경시(北京市) 서남부 지역에서 잠시 고수(沽水)에 합류했다.

한(漢) 어양군(漁陽郡) 어양현(漁陽縣) 치소 어양성(漁陽城)이 위치한 곳은 백단현(白檀縣), 즉 단주(檀州) 서남쪽으로 자금성(紫禁城) 서쪽이다.

> 학설 183)
> 한(漢) 어양군(漁陽郡) 어양현(漁陽縣) 치소 어양성(漁陽城)은
> 현(現) 북경시(北京市) 자금성(紫禁城) 서쪽에 위치했다.

수경주(水經注) 고하(沽河) 편에 의하면

沽水又西南流出山 逕漁陽縣故城西 而南合七度水 沽水又南逕安樂縣故城東
俗謂之西潞水也 沽水西南流 逕狐奴山西 又南逕狐奴縣故城西 沽水又南
濕餘水注之 沽水又南 左會鮑丘水 世所謂東潞也 沽水又南逕潞縣 為潞河
魏土地記曰 城西三十里有潞河 是也 又東 鮑丘水于縣西北而東出

고수(沽水)는 또한 서남쪽으로 흘러 산(山)을 나와 어양현고성(漁陽縣故城) 서쪽을
지났고 남쪽으로 흘러 칠도수(七度水)와 합류하며, 고수(沽水)는 또한 남쪽으로
흘러 안락현고성(安樂縣故城) 동쪽을 지난다. 세간에서는 서로수(西潞水)라 한다.
고수(沽水)는 서남쪽으로 흘러 호노산(狐奴山) 서쪽을 지나며, 또한 남쪽으로
흘러 호노현고성(狐奴縣故城) 서쪽을 지나는데, 고수(沽水)는 또한 남쪽으로
흘러 습여수(濕餘水)와 합류한다. 고수(沽水)는 또한 남쪽으로 흘러 좌(左)측으로
포구수(鮑丘水)와 합류하는데, 세간에서는 동로수(東潞水)라 한다. 고수(沽水)는
또한 남쪽으로 흘러 로현(潞縣)을 지나며 로하(潞河)가 된다. 위토지기(魏土地記)에서
로현성(潞縣城) 서쪽 30리(里) 지점에 로하(潞河)가 흐른다고 했는데 이곳이며, 또한
로하(潞河)는 동쪽으로 흐르는데 포구수(鮑丘水)가 옹노현(雍奴縣) 서북쪽에서
나누어지고 동쪽으로 흐른다.

산악지대를 빠져나온 고수(沽水)가 남쪽으로 흘러 어양성(漁陽城) 서쪽 · 안락성(安樂城) 동쪽 · 호노성(狐奴城) 서쪽 · 로현성(潞縣城) 서쪽을 지나고 있는데, 고수(沽水)가 한(漢) 어양군(漁陽郡) 속현들을 관통하고 있는 것이다.

세간에서는 고수(沽水)를 서로수(西潞水)라 칭했으며, 고수(沽水) 동쪽에서 남쪽으로 흐르는 포구수(鮑丘水)를 동로수(東潞水)라 칭했다.

서로수(西潞水)와 동로수(東潞水) 두 하천이 합류하여 로현(潞縣)에서 흐를 때는 로하(潞河)라 칭했다.

로하(潞河)는 옹노현(雍奴縣) 서북쪽에서 고수(沽水)와 포구수(鮑丘水)로 분리되었으며, 이후 포구수(鮑丘水)는 고수(沽水) 북쪽에서 동쪽으로 흘렀는데, 구하(泃河)가 포구수(鮑丘水) 북쪽에서 합류했다.

수경주(水經注) 포구수(鮑丘水) 편에 의하면 구하(泃河)는 무종현(無終縣) 서부 지역에 위치한 백양곡(白楊谷)에서 발원하여 서북쪽으로 흘러 평곡현(平谷縣)을 지나면서 서남쪽으로 흘렀으며, 구하(泃河)가 발원한 우북평군(右北平郡) 무종현(無終縣)은 어양군(漁陽郡) 평곡현(平谷縣) 동쪽에 접해 있다.

옹노현(雍奴縣) 서북쪽에서 동쪽으로 흐르는 포구수(鮑丘水)에 북쪽에서 합류한 구하(泃河)의 발원지인 한(漢) 우북평군(右北平郡) 무종현(無終縣) 치소 무종성(無終城)은 현(現) 북경시(北京市) 자금성(紫禁城) 서남쪽에 위치했다.

> **학설 184)**
>
> 옹노현(雍奴縣) 서북쪽에서 동쪽으로 흐르는 포구수(鮑丘水)에 북쪽에서
> 합류한 구하(泃河)의 발원지인 한(漢) 우북평군(右北平郡) 무종현(無終縣) 치소
> 무종성(無終城)은 현(現) 북경시(北京市) 자금성(紫禁城) 서남쪽에 위치했다.

한서지리지(漢書地理志) 어양군(漁陽郡) 편에 의하면 어양군(漁陽郡)의 12개 속현 중 10곳이 고수(沽水) 또는 포구수(鮑丘水) 유역에 위치하며, 그중 고수(沽水) 또는 포구수(鮑丘水)가 흐르는 속현은 9개이다.

백단현(白檀縣)과 요양현(要陽縣)에는 고수(沽水) 또는 포구수(鮑丘水)가 흐르지 않았는데, 요양현(要陽縣)은 백단현(白檀縣)과 포구수(鮑丘水)가 흐르는 활염현(滑鹽縣) 사이에 위치했다.

한(漢) 어양군(漁陽郡)의 12개 속현은 모두 노룡새(盧龍塞)의 출구인 고북구(古北口) 남쪽에 위치하고 있음을 알 수 있다.

> **학설 185)**
>
> 한(漢) 어양군(漁陽郡)의 12개 속현은 모두 노룡새(盧龍塞)의 출구인
> 고북구(古北口) 남쪽에 위치하고 있다.

2. 한(漢) 어양현(漁陽縣)의 역사

사기(史記) 卷110 흉노열전(匈奴列傳)에 의하면

> 晉北有林胡 樓煩之戎 燕北有東胡山戎
>
> 진(晉)의 북(北)에는 임호(林胡)와 누번(樓煩)의 융(戎)이 있고, 연(燕)의 북쪽에는
>
> 동호(東胡)와 산융(山戎)이 있다.
>
>
> [주석] 幽州漁陽県 本北戎無終子國
>
> 유주(幽州) 어양현(漁陽県)은 본래 북융(北戎) 무종자국(無終子國)이다.

BC 664년, 제(齊)와 연(燕)의 연합군이 산융(山戎)을 멸망시켰으며, 산융(山戎)의 영토는 연(燕)이 점유(占有)했다.

산융(山戎)에 대한 주석이기 때문에 북융(北戎) 무종자국(無終子國)은 산융(山戎)의 국(國)이다.

한(漢) 어양군(漁陽郡) 어양현(漁陽県)은 산융(山戎)의 영토였으며, 연(燕)은 BC 664년까지 어양현(漁陽県) 일대를 영토로 편입하지 못했음을 알 수 있다.

고수(沽水), 즉 영정하(永定河)가 흐르는 어양현(漁陽県)은 현(現) 북경시(北京市) 서부 지역에 위치하고 있다.

따라서 제(齊)와 연(燕)의 연합군이 산융(山戎)을 멸망시키기 이전, 연(燕)의 영토는 현(現) 북경시(北京市) 중심지에 이르지 못했다.

> 학설 186)
>
> 현(現) 북경시(北京市) 서부 지역은 산융(山戎)의 영토였다.
>
> 제(齊)와 연(燕)의 연합군이 산융(山戎)을 멸망시킨 BC 664년까지 연(燕)의 영토는
>
> 현(現) 북경시(北京市) 중심지에 이르지 못했다.

3. 한(漢) 우북평군(右北平郡)의 역사

한서지리지(漢書地理志) 유주(幽州) 우북평군(右北平郡) 편에 무종현(無終縣) 또한 어양현(漁陽縣)과 마찬가지로 옛 무종자국(無終子國)이라고 기록되어 있다.

무종현(無終縣) 또한 산융(山戎)의 영토였던 것이다.

수경주(水經注) 포구수(鮑丘水) 편에 의하면 어양현(漁陽縣)은 동쪽으로 평곡현(平谷縣)에 접해 있으며, 평곡현(平谷縣)은 동쪽으로 무종현(無終縣)에 접해 있다.

결국 북경시(北京市) 일대는 산융(山戎)의 영토였던 것이다.

사기(史記) 제태공세가(齊太公世家)에 의하면 BC 664년, 산융(山戎)을 멸망시킨 제(齊)와 연(燕)의 연합군은 산융(山戎) 동쪽에 접해 있던 고죽국(孤竹國)까지 토벌하여 멸망시켰다.

북경시(北京市) 동쪽에 위치한 천진시(天津市) 북부 지역은 산융(山戎) 동쪽에 접해 있던 고죽국(孤竹國)의 영토였던 것이다.

이민족(異民族)을 멸망시켰다고해서 그들의 영토가 쉽게 고중국(古中國)의 내지가 되는 것은 아니다.

이러한 측면에서, 전국칠웅(戰國七雄) 연(燕)은 고중국(古中國) 역사에서 큰 역할을 했다.

연장성(燕長城) 축성 후, 북경시(北京市) 남부 지역과 천진시(天津市) 일대가 고중국(古中國) 내지로 탈바꿈했기 때문이다.

학설 187)

어양군(漁陽郡)과 우북평군(右北平郡)은 산융(山戎)의 영토였던 현(現) 북경시(北京市)에 위치했으며, 북경시(北京市) 동쪽에 위치한 현(現) 천진시(天津市) 북부 지역은 산융(山戎) 동쪽에 접해 있던 고죽국(孤竹國)의 영토였다.

고죽국(孤竹國)의 영토는 한(漢) 요서군(遼西郡) 서부 지역으로 승계되었다.

4. 북평군(北平郡)과 북평성(北平城)으로 개칭된
우북평군(右北平郡)과 우북평성(右北平城)

후한서군국지(後漢書郡國志) 유주(幽州) 우북평군(右北平郡) 편에 의하면

> 右北平郡 秦置 雒陽東北二千三百里 四城 戶九千一百七十
>
> 口五萬三千四百七十五 土垠 徐無 俊靡 無終
>
> 우북평군(右北平郡). 진(秦)이 설치했으며, 낙양(洛陽) 동북 2,300리 지점에 있다.
>
> 4개의 성(城)이 있고 호(戶)는 9,170이다. 구(口)는 53,475이다.
>
> 토은현(土垠縣), 서무현(徐無縣), 준미현(俊靡縣), 무종현(無終縣)이 있다.

진서지리지(晉書地理志) 유주(幽州) 북평군(北平郡) 편에 의하면

> 北平郡 秦置 統縣四戶五千 徐無 土垠 俊靡 無終
>
> 북평군(北平郡). 진(秦)이 설치했으며, 현(縣)은 4개이고 호(戶)는 5,000이다.
>
> 서무현(徐無縣), 토은현(土垠縣), 준미현(俊靡縣), 무종현(無終縣)이 있다.

진(晉) 북평군(北平郡)은 후한(後漢) 우북평군(右北平郡)을 그대로 승계한 군(郡)이다.

후한(後漢) 우북평군(右北平郡)과 진(晉) 북평군(北平郡)은 속현마저도 똑같다.

다른 점은 '우북평군(右北平郡)과 치소인 우북평성(右北平城)이 북평군(北平郡)과 북평성(北平城)으로 개칭되었다'는 점이다.

우북평성(右北平城)과 북평성(北平城)이 동일한 위치인지 살펴보자.

수경주(水經注) 포구수(鮑丘水) 편에 의하면 서무산(徐無山)을 지나온 경수(庚水)는 무종현(無終縣) 영토 내에서 준미현(俊靡縣)을 지나온 류수(灅水)와 합류한다.

이후, 경수(庚水)는 남쪽으로 흘러 북평성(北平城) 서쪽을 지나 포구수(鮑丘水)에 합류했다.

합류한 지점은 척구(拓口)라 불렸다.

척구(拓口)를 기준으로 보면, 북평성(北平城)은 동북쪽에 위치한다.

척구(拓口)를 지나 동쪽으로 흐르는 포구수(鮑丘水)는 우북평군고성(右北平郡故城) 남쪽을 지난다고 기록되어 있다.

북평성(北平城)과 우북평군고성(右北平郡故城)이 동일한 지역에 위치하고 있는 것이다.

수경주(水經注)의 편찬자는 무슨 이유로 동일한 위치에 있는 성(城)을 북평성(北平城)과 우북평군고성(右北平郡故城)으로 구분하여 기록했을까?

이는 북평성(北平城)과 우북평군고성(右北平郡故城)으로 기록된 각기 다른 사료를 종합한 결과로 보인다.

하지만 우북평성(右北平城) 인근에 북평성(北平城)이 새로 축성되었을 가능성도 있다.

후한서군국지(後漢書郡國志)에 의하면 우북평성(右北平城)은 낙양(洛陽) 동북 2,300 리(里) 지점에 위치하는데, 우북평성(右北平城) 인근에 북평성(北平城)이 새로 축성되었다 하더라도 2,300리(里)의 오차 범위 내에 있다.

진(晉) 시기, 우북평군(右北平郡)과 우북평성(右北平城)이라는 행정명은 역사속으로 사라졌으며, 각각 북평군(北平郡)과 북평성(北平城)으로 개칭되었음을 알 수 있다.

진(晉) 북평군(北平郡) 치소 북평성(北平城)은 후한(後漢) 기준척(基準尺)으로 낙양(洛陽) 동북 2,300리(里) 지점에 위치한다.

학설 188)

진(晉) 시기, 우북평군(右北平郡)과 우북평성(右北平城)이라는 행정명은 역사속으로 사라졌으며, 각각 북평군(北平郡)과 북평성(北平城)으로 개칭되었다.
진(晉) 북평군(北平郡) 치소 북평성(北平城)은 후한(後漢) 기준척(基準尺)으로 낙양(洛陽) 동북 2,300리(里) 지점에 위치한다.

5. 포구수(鮑丘水)와 북평성(北平城)

수경주(水經注) 포구수(鮑丘水) 편에 의하면 옹노현(雍奴縣) 서북쪽에 도달한 고수(沽水), 즉 영정하(永定河)에서 갈라져 나와 동쪽으로 흐르는 포구수(鮑丘水) 북쪽에는 토은현(土垠縣)·서무현(徐無縣)·준미현(俊靡縣)·무종현(無終縣)이 위치한다.

4개의 현(縣)은 모두 우북평군(右北平郡) 속현이며, 고조선(古朝鮮) 멸망 전인 BC 206년, 무종현(無終縣)은 요동국(遼東國)의 수도였다.

후한서군국지(後漢書郡國志) 유주(幽州) 광양군(廣陽郡) 편에 의하면

> [계현(薊縣)에 관한 주석] 漢官曰雒陽東北二千里
>
> 한관(漢官)이 낙양(洛陽) 동북 2,000리(里)라고 말했다.

위토지기(魏土地記)를 인용한 수경주(水經注) 포구수(鮑丘水) 편에 의하면

> 薊城東北三百里有右北平城
>
> 계성(薊城) 동북쪽 300리(里)에 우북평성(右北平城)이 있다.
>
> 右北平城西北百三十里 有無終城
>
> 우북평성(右北平城) 서북쪽 130리(里)에 무종성(無終城)이 있다.

위토지기(魏土地記)의 우북평성(右北平城)은 후한(後漢) 우북평군(右北平郡) 치소 토은현(土垠縣) 토은성(土垠城)의 별칭이며, 토은현(土垠縣)이 우북평군(右北平郡) 속현들 중 가장 남쪽에 위치했다.

진(晉) 시기, 위토지기(魏土地記)의 우북평성(右北平城)은 북평성(北平城)으로 개칭되었다.

수경주(水經注) 포구수(鮑丘水) 편에 의하면 북평성(北平城)이 위치한 토은현(土垠縣)에서 포구수(鮑丘水)가 동쪽으로 흐르고 있다.

포구수(鮑丘水)는 북경시(北京市) 서부 지역에서 서남부 지역으로 흘러 잠시 영정하
(永定河)에 합류했다가 옹노현(雍奴縣) 서북쪽에서 영정하(永定河)와 분리되어 영정하
(永定河) 북쪽에서 동쪽으로 흘렀다.

현(現) 영정하(永定河)에서 갈라져 나와 영정하(永定河) 북쪽에서 동쪽으로 흐르는
하천은 현(現) 천진시(天津市)로 흘러갈 수밖에 없다.

이러한 포구수(鮑丘水)가 동쪽으로 흐르는 우북평군(右北平郡) 토은현(土垠縣)의 영
토는 현(現) 북경시(北京市) 남부 지역에 위치한다.

학설 189)

포구수(鮑丘水)가 동쪽으로 흐르는 우북평군(右北平郡) 토은현(土垠縣)의 영토는
현(現) 북경시(北京市) 남부 지역에 위치한다.

---

6. 고중국(古中國)의 동북방 요충지였던 토은현(土垠縣)

진서(晉書) 권70 열전(列傳) 당빈(唐彬) 편에 의하면

北虜侵掠北平 以彬為使持節 監幽州諸軍事 領護烏丸校尉 右將軍
於是鮮卑二部大莫廆 擿何等並遣侍子入貢
북로(北虜)가 북평(北平)을 침략하니 당빈(以彬)을 사지절(使持節)
감유주제군사(監幽州諸軍事) 영호오환교위(領護烏丸校尉) 우장군(右將軍)으로
삼았다. 그리하여 선비2부(鮮卑二部) 대모외(大莫廆)와 척하(擿何) 등이 인질을 보내
입공(入貢)했다.

진(晉) 시기, 노룡새(盧龍塞) 북쪽을 장악한 이민족(異民族)은 선비(鮮卑)이며, 이민족
(異民族)이 노룡새(盧龍塞)를 넘으면 바로 도달하는 곳은 북평군(北平郡)이다.

AD 49년, 고구려(高句麗)가 한(漢)의 북평(北平)·어양(漁陽)·상곡(上谷)·태원(太原)
을 공격했을 때도 마찬가지였다.

고구려(高句麗) 군대는 노룡새(盧龍塞)를 넘어 북평군(北平郡)을 격파한 뒤 서남쪽으로 태원(太原)까지 진군할 수 있었다.

이는 진(晉) 북평군(北平郡)이 고중국(古中國) 동북방 방어선의 핵심 거점이었음을 보여준다.

북경시(北京市) 남부 지역에 위치한 진(晉) 북평성(北平城)을 격파하면 일반적으로 다음 목표는 서남쪽에 위치한 계성(薊城)이다.

고구려(高句麗) 군대는 서남쪽 계성(薊城)이 아니라 서쪽 어양(漁陽)과 상곡(上谷)을 격파하면서 태행산맥(太行山脈)을 넘었다.

위토지기(魏土地記)를 인용한 수경주(水經注) 포구수(鮑丘水) 편에 의하면 계성(薊城)은 진(晉) 북평성(北平城) 서남쪽 300리(里) 지점에 위치한다.

진(晉) 시기, 유주(幽州) 치소는 계성(薊城)이 아니라 탁성(涿城)이다.

계성(薊城)과 마찬가지로 현(現) 보정시(保定市)에 위치한 탁성(涿城)은 계성(薊城) 남쪽 200리(里) 지점에 위치하고 있다.

따라서 진(晉) 북평성(北平城)은 유주(幽州) 치소 탁성(涿城)에서 동북쪽으로 500리(里) 떨어진 지점에 위치하고 있다.

진(晉) 시기, 현(現) 북경시(北京市) 남부 지역에 위치한 북평성(北平城), 즉 토은현(土垠縣)은 현(現) 보정시(保定市)에 위치한 유주(幽州) 치소 탁성(涿城)에서 후한(後漢) 기준척(基準尺)으로 동북쪽 500리(里) 지점에 위치한 요충지였다.

> **학설 190)**
>
> 진(晉) 시기, 현(現) 북경시(北京市) 남부 지역에 위치한 북평성(北平城), 즉 토은현(土垠縣)은 현(現) 보정시(保定市)에 위치한 유주(幽州) 치소 탁성(涿城)에서 후한(後漢) 기준척(基準尺)으로 동북쪽 500리(里) 지점에 위치한 요충지였다.

수경주(水經注)의 포구수(鮑丘水) 연구를 통해 우북평군(右北平郡) 토은현(土垠縣)의 영토는 현(現) 북경시(北京市) 남부 지역에 위치하고 있음을 알게 되었다.

후한(後漢) 기준척(基準尺)으로 300리(里)는 당(唐) 기준척(基準尺)으로 200리(里) 전후이다.

'계성(薊城) 동북 300리(里)에 우북평성(右北平城)이 있다'는 위토지기(魏土地記)의 기록을 통해서 토은현(土垠縣)은 계성(薊城)에서 멀지 않은 지역임을 알 수 있다.

그러나 한중일학계(韓中日學界)는 토은현(土垠縣)을 현(現) 하북성(河北省) 당산시(唐山市) 풍윤현(豊潤縣)에 비정하고 있다.

'계성(薊城)은 북경시(北京市) 중심부에 위치한다'는 한중일학계(韓中日學界)의 잘못된 주장을 믿더라도 '북경시(北京市) 중심부에서 풍윤현(豊潤縣)까지 후한(後漢) 기준척(基準尺)으로 300리(里)'라는 주장까지 믿는 것은 상식을 벗어났다.

숫자는 거짓말을 하지 않기 때문이다.

우북평군(右北平郡) 토은현(土垠縣)은 유수(濡水)의 위치를 알려준다.

우북평군(右北平郡) 동쪽에 요서군(遼西郡)이 접해 있고, 유수(濡水)는 요서군(遼西郡) 서부 지역에서 흐르는 하천이기에, 토은현(土垠縣) 동쪽 멀지 않은 곳에 유수(濡水)가 위치하고 있음을 부정할 학자는 없기 때문이다.

'우북평군(右北平郡) 토은현(土垠縣)의 영토는 현(現) 북경시(北京市) 남부 지역'이라는 필자의 논증으로 '유수(濡水)는 조백하(潮白河)'라는 역사적 사실이 자연스럽게 논증되었으며, 유수(濡水)가 현(現) 난하(灤河)라는 한중일학계(韓中日學界)의 통설(通說)은 다시 한번 논파되었다.

Part 2 역사 왜곡의 도구가 된 행정명의 이동

1. 동쪽으로 이동한 북평군(北平郡)이라는 행정명

위서지형지(魏書地形志) 평주(平州) 북평군(北平郡) 편에 의하면

北平郡 秦置 領縣二

朝鮮 二漢晉屬樂浪 後罷 延和元年 徙朝鮮民於肥如復置屬焉

新昌 前漢屬涿 後漢晉屬遼東 後屬 有盧龍山

북평군(北平郡), 진(秦)이 설치했으며, 속현은 2개이다.

[조선현(朝鮮縣)] 두 한(漢)과 진(晉)에서 낙랑(樂浪)에 속했으며, 폐현되었다.

연화(延和) 원년에 조선민(朝鮮民)을 비여현(肥如縣)으로 옮겨 다시 설치했다.

[신창현(新昌縣)] 전한(前漢)에서 탁군(涿郡)에 속했으며, 후한(後漢)과 진(晉)에서

요동군(遼東郡)에 속했다가 후(後)에 북평군(北平郡)에 속했는데 노룡산(盧龍山)이

있다.

위서지형지(魏書地形志)에 의하면 북위(北魏) 북평군(北平郡)의 2개 현(縣) 중 하나는 조선현(朝鮮縣)인데, 연화(延和) 원년〈AD 432년〉, 조선(朝鮮) 사람들을 비여현(肥如縣)으로 옮겨 조선현(朝鮮縣)을 설치했다.

후한서군국지(後漢書郡國志) 요서군(遼西郡) 편에 의하면 후한(後漢) 요서군(遼西郡)은 5개 속현을 통솔했는데, 비여현(肥如縣)이 그 중 하나이며 유수(濡水) 일대에 위치했다.

조선현(朝鮮縣)이 고중국(古中國)의 고유영토인 연요동(燕遼東) 내 유수(濡水) 일대에 북위(北魏) 북평군(北平郡) 치소로 설치된 것이다.

종합하면, 북위(北魏) 북평군(北平郡) 조선현(朝鮮縣)의 조선성(朝鮮城)은 유수(濡水), 즉 현(現) 북경시(北京市) 동북부를 관통하는 조백하(潮白河)가 흐르는, 한(漢) 요서군(遼西郡) 서부 지역이었던 곳에 유적으로 남아 있어야 한다.

나머지 현(縣)인 신창현(新昌縣)은 노룡산(盧龍山)이 위치한 곳으로, 훗날 요(遼) 난주(灤州)가 설치된 지역이다. 북위(北魏) 시기, 현(現) 북경시(北京市)에서 사용되던 북평군(北平郡)이라는 행정명이 유수(濡水)가 흐르는 연요동(燕遼東)으로 이동했음을 알 수 있다.

북위(北魏) 시기, 현(現) 북경시(北京市)에서 사용되던 북평군(北平郡)이라는 행정명(行政名)이 유수(濡水)가 흐르는 연요동(燕遼東)으로 이동했음을 알 수 있다.

> 학설 191)
> 북위(北魏) 시기, 현(現) 북경시(北京市)에서 사용되던 북평군(北平郡)이라는
> 행정명이 유수(濡水)가 흐르는 연요동(燕遼東)으로 이동했다.
> 북위(北魏) 북평군(北平郡) 치소 조선성(朝鮮城)은 현(現) 천진시(天津市)에
> 위치한다.

위서지형지(魏書地形志) 평주(平州) 북평군(北平郡) 편의 특이한 점은 북평군(北平郡) 치소의 명칭이 북평성(北平城)이 아니라 조선성(朝鮮城)이라는 점이다.

북평성(北平城)을 추적해 보자.

2. 북위(北魏) 어양군(漁陽郡)에 편입된 북평성(北平城)

위서지형지(魏書地形志) 유주(幽州) 어양군(漁陽郡) 편에 의하면

> 漁陽郡 真君七年併北平郡屬焉 領縣六 戶六千九百八十四 口二萬九千六百七十
> 雍奴 真君七年併泉州屬 有泉州城 雍奴城 潞 無終 漁陽 土垠有北平城 徐無
> 어양군(漁陽郡). 진군(真君) 7년에 북평군(北平郡)을 병합하여 속하게 했는데, 속현은
> 6개이고 호(戶)는 6,984이며 구(口)는 29,670이다.
> 옹노현(雍奴縣) <진군(真君) 7년, 천주현(泉州現)을 병합하여 속하게 했다.
> 천주성(泉州城)과 옹노성(雍奴城)이 있다>, 로현(潞縣), 무종현(無終縣),
> 어양현(漁陽縣), 토은현(土垠縣) <북평성(北平城)이 있다>, 서무현(徐無縣)이 있다.

'북위(北魏) 어양군(漁陽郡)이 기존의 북평군(北平郡)을 병합했다'고 기록되어 있다.

무종현(無終縣)·서무현(徐無縣)·토은현(土垠縣)이 북위(北魏) 어양군(漁陽郡)에 편입되었으며, 토은현(土垠縣) 치소는 여전히 북평성(北平城)이다.

북위(北魏) 어양군(漁陽郡)이 기존의 북평군(北平郡)을 병합하면서 북평군(北平郡)이라는 행정명은 동쪽 연요동(燕遼東)으로 이동했지만, 북평성(北平城)은 여전히 현(現) 북경시(北京市) 남부지역에 남아 있었다.

이후, 북평성(北平城)과 북평군(北平郡)은 각각 현(現) 북경시(北京市)와 천진시(天津市)를 대표하는 행정명이 되었다.

북위(北魏) 어양군(漁陽郡) 치소는 현(現) 북경시(北京市) 남쪽에 위치한 옹노현(雍奴縣)이다.

원래의 북평군(北平郡)을 병합한 북위(北魏) 어양군(漁陽郡)의 영토는 현(現) 북경시(北京市) 남부 지역과 북경시(北京市) 남쪽 옹노현(雍奴縣) 일대이다.

북위(北魏) 시기까지 북경시(北京市)는 여전히 고중국(古中國)의 변방이었다.

학설 192)

원래의 북평군(北平郡)을 병합한 북위(北魏) 어양군(漁陽郡)의 영토는 현(現)
북경시(北京市) 남부 지역과 북경시(北京市) 남쪽 옹노현(雍奴縣) 일대이다.
북위(北魏) 시기까지 북경시(北京市)는 여전히 고중국(古中國)의 변방이었다.

---

3. 수(隋) 시기, 계성(薊城)으로 개칭된 토은현(土垠縣) 북평성(北平城)

수서지리지(隋書地理志) 탁군(涿郡) 편에 의하면

涿郡 統縣九 戶八萬四千五十九 薊 良鄉 安次 涿 固安 雍奴 昌平 懷戎 有涿水
阪泉水 潞

탁군(涿郡). 속현은 9개이고 호(户)는 84,059이다.

계현(薊縣), 양향현(良鄉縣), 안차현(安次縣), 탁현(涿縣), 고안현(固安縣).

옹노현(雍奴縣), 창평현(昌平縣), 회융현(懷戎縣) <탁수(涿水)와 판천수(阪泉水)가
있다>, 로현(潞縣)이 있다.

계성(薊城)은 원래 로현(潞縣) 서남쪽에 위치했지만, 수(隋) 탁군(涿郡) 치소로 변신한 계성(薊城)은 로현(潞縣) 동쪽에 위치한다.

계성(薊城)은 원래 옹노현(雍奴縣) 서쪽에 위치했지만, 수(隋) 탁군(涿郡) 치소로 변신한 계성(薊城)은 옹노현(雍奴縣) 북쪽에 위치한다.

수(隋)는 계성(薊城)이라는 행정명을 로현(潞縣) 동쪽·옹노현(雍奴縣) 북쪽으로 이동시켰는데, 그곳은 토은현(土垠縣) 북평성(北平城)이다.

학설 181) 에 의하면

수(隋)·당(唐) 시기의 두 번째 계성(薊城)은 현(現) 북경시(北京市) 자금성(紫禁城) 남쪽 174리(里) 지점에 위치한다.

정리해 보면 현(現) 북경시(北京市) 자금성(紫禁城) 남쪽 174리(里) 지점에 위치한 수(隋)와 당(唐) 시기의 계성(薊城)은 새로 축성된 성(城)이 아니라 우북평군(右北平郡) 토은현(土垠縣) 북평성(北平城)이다.

수(隋) 시기, 북평성(北平城)이 계성(薊城)으로 개칭된 것이다.

학설 193)

수(隋) 시기, 현(現) 북경시(北京市) 자금성(紫禁城) 남쪽 174리(里) 지점에 위치한 토은현(土垠縣) 북평성(北平城)은 계성(薊城)으로 개칭되었다.

북방 이민족(異民族) 선비(鮮卑)에 의해 건국된 북위(北魏)가 북평군(北平郡)을 현(現) 북경시(北京市)에서 연요동(燕遼東), 즉 천진시(天津市)로 옮겨 북평(北平)의 대상을 고구려(高句麗)로 돌린 것은 자연스럽다.

수(隋)가 고중국(古中國)의 동북방 중심지를 현(現) 보정시(保定市)에서 북경시(北京市)로 옮긴 것도 고구려(高句麗)를 견제하기 위함이다.

4. 수(隋) 안락군(安樂郡) 연락현(燕樂縣)으로 승계된 한(漢) 어양현(漁陽縣)

수(隋) 탁군(涿郡)의 또 다른 특이점은 어양현(漁陽縣)이 사라졌다는 점이다.

어양현(漁陽縣)을 추적해 보자.

수서지리지(隋書地理志) 안락군(安樂郡) 편에 의하면

安樂郡 開皇十六年 置檀州 統縣二 戶七千五百九十九 燕樂 有長城 有沽河

密雲 後魏置密雲郡 領 白檀 要陽 密雲 三縣 後齊廢郡 及二縣入密雲 有長城

안락군(安樂郡). 개황(開皇) 16년에 단주(檀州)를 설치했는데, 속현은 2개이고 호(户)는
7,599이다.

[연락현(燕樂縣)] 장성이 있고 고하(沽河)가 있다.

[밀운현(密雲縣)] 후위(後魏)가 밀운군(密雲郡)을 설치하여 백단현(白檀縣) ·
요양현(要陽縣) · 밀운현(密雲縣)을 다스렸는데, 후제(後齊)가 폐(廢)하고
백단현(白檀縣)과 요양현(要陽縣)을 밀운현(密雲縣)에 편입시켰다. 장성이 있다.

'연락현(燕樂縣)과 밀운현(密雲縣)에 장성이 있다'고 기록되어 있는데, 두 현(縣) 모두
노룡새(盧龍塞) 남쪽에 접해 있다.

더불어 '연락현(燕樂縣)에는 고하(沽河)가 흐르고 있다'고 기록되어 있다.

한서지리지(漢書地理志) 어양군(漁陽郡) 편과 수경주(水經注) 고하(沽河) 편에 의하면
노룡새(盧龍塞) 남쪽에 접해 있고, 고하(沽河)가 흐르는 곳은 한(漢) 어양군(漁陽郡) 치
소 어양현(漁陽縣)밖에 없다.

한(漢) 어양현(漁陽縣)은 수(隋) 연락현(燕樂縣)으로 승계되었음을 알 수 있다.

학설 194)

한(漢) 어양현(漁陽縣)은 수(隋) 안락군(安樂郡) 치소 연락현(燕樂縣)으로
승계되었다.

5. 순주(順州)에 편입된 무종현(無終縣)과 서무현(徐無縣)

학설 183) 에 의하면

> 한(漢) 어양군(漁陽郡) 어양현(漁陽縣) 치소 어양성(漁陽城)은 현(現) 북경시(北京市)
> 자금성(紫禁城) 서쪽에 위치했다.

한(漢) 어양현(漁陽縣)을 승계한 수(隋) 안락군(安樂郡) 연락현(燕樂縣) 동쪽에 접해 있는 군현(郡縣) 내에, 현(現) 북경시(北京市)의 자금성(紫禁城)이 위치해야 한다.

수(隋) 안락군(安樂郡)의 2개 현(縣) 중 나머지 현(縣)인 밀운현(密雲縣)은 자금성(紫禁城) 북쪽에 위치한 백단현(白檀縣)을 승계했다.

따라서 밀운현(密雲縣)은 연락현(燕樂縣)의 동쪽이 아니라 동북쪽에 접해 있으며, 밀운현(密雲縣) 남쪽에 접해 있는 군현(郡縣) 내에 자금성(紫禁城)이 축성되었다.

수서지리지(隋書地理志)에 의하면 수(隋) 밀운현(密雲縣) 남쪽에 접해 있는 군현(郡縣) 은 수(隋) 어양군(漁陽郡)이다.

학설 180) 에 의하면

> 현(現) 북경시(北京市) 자금성(紫錦城)이 축성된 곳은 연경(燕京)이 아니라, 연경(燕京)
> 북쪽에 위치한 순주(順州)이다.

당(唐) 단주(檀州)는 수(隋) 밀운현(密雲縣)을 승계했고, 단주(檀州) 남쪽에 접해 있는 순주(順州)는 수(隋) 어양군(漁陽郡)을 승계했다.

수서지리지(隋書地理志) 어양군(漁陽郡) 편에 의하면 무종현(無終縣)과 서무현(徐無縣) 의 영토가 수(隋) 어양군(漁陽郡)에 편입되었다.

한(漢) 우북평군(右北平郡) 무종현(無終縣)과 서무현(徐無縣)의 영토는, 훗날 자금성(紫錦城)이 축성된 순주(順州)의 영토로 승계된 것이다.

학설 181) 에 의하면

수(隋)·당(唐) 시기 두 번째 계성(薊城)은 현(現) 북경시(北京市) 자금성(紫禁城) 남쪽 174리(里) 지점에 위치한다.

학설 193) 에 의하면

수(隋) 시기, 현(現) 북경시(北京市) 자금성(紫禁城) 남쪽 174리(里) 지점에 위치한 토은현(土垠縣) 북평성(北平城)은 계성(薊城)으로 개칭되었다.

위토지기(魏土地記)를 인용한 수경주(水經注) 포구수(鮑丘水) 편에 의하면 토은현(土垠縣) 북평성(北平城), 즉 두 번째 계성(薊城) 서북쪽 130리(里) 지점에 무종성(無終城)이 위치하며, 동북쪽 110리(里) 지점에 서무성(徐無城)이 위치한다.

당(唐) 기준척(基準尺)으로는 각각 약 80리(里)와 70리(里) 지점이다.

게다가 무종현(無終縣)과 서무현(徐無縣) 북쪽에는 우북평군(右北平郡) 준미현(俊靡縣)이 위치한다.

수(隋)·당(唐) 시기의 계성(薊城)·요(遼) 연경(燕京)·명(明) 자금성(紫禁城)은 모두 한(漢) 우북평군(右北平郡)의 영토 내에 위치했음을 알 수 있다.

정리해 보면 무종현(無終縣)과 서무현(徐無縣)의 영토는 순주(順州)의 영토로 승계되었고, 자금성(紫禁城)을 기준으로 무종성(無終城)은 서남쪽에, 서무성(徐無城)은 동남쪽에 위치한다.

학설 195)

한(漢) 우북평군(右北平郡) 무종현(無終縣)과 서무현(徐無縣)의 영토는
자금성(紫禁城)이 축성된 순주(順州)의 영토로 승계되었다.
자금성(紫禁城) 기준 무종성(無終城)은 서남쪽에,
서무성(徐無城)은 동남쪽에 위치한다.

第15章

현(現) 난하(灤河)로 비정된 유수(濡水)의
위치 연구

동북아고대사(東北亞古代史)는 두 번의 역사 왜곡을 겪었다.

한 번은 당(唐)이 자행했으며, 나머지 한 번은 명(明)이 자행했다.

동북아고대사정립(東北亞古代史正立) 3의 주된 목적은 '현(現) 난하(灤河)가 유수(濡水)'라는 한중일학계(韓中日學界)의 통설(通說)을 논파하는 것이기 때문에 이번 장(章)에서는 이러한 통설(通說)을 야기한 명(明)의 역사 왜곡에 대해 필자의 생각 또한 피력하고자 한다.

Part 1 명장성(明長城)의 축성과 명(明)의 역사 왜곡

1. 두우(杜佑)의 오기(誤記)

2. 두우(杜佑)의 오기(誤記)가 한국 학계에 미친 영향

3. 명(明) 전략가들의 역사 왜곡

4. 현(現) 요하(遼河) 동쪽까지 그려진 만리장성

1. 두우(杜佑)의 오기(誤記)

통전(通典) 권186, 변방(邊防) 2, 동이(東夷) 고구려(高句麗) 편에 의하면

> 碣石山在漢樂浪郡遂成縣 長城起於此山 今驗長城東截遼水而入高麗 遺址猶存
>
> 갈석산(碣石山)은 한(漢) 낙랑군(樂浪郡) 수성현(遂成縣)에 있다.
>
> 장성이 이 산에서 시작되었으며, 장성이 동쪽으로 요수(遼水)를 끊고
>
> 고구려(高句麗)로 들어간 흔적이 아직도 남아 있다.

'사마천(司馬遷) 이후 최고의 역사가'로 평가 받는 두우(杜佑)가 통전(通典) 고구려(高句麗) 편에 작은 실수를 했다.

낙랑군(樂浪郡) 앞에 진(晉)이라 기록해야 하는데 한(漢)이라고 기록했다.

진서지리지(晉書地理志) 평주(平州) 낙랑군(樂浪郡) 편에 의하면

> 樂浪郡 漢置 統縣六 戶三千七百
>
> 朝鮮 周封箕子地 屯有 渾彌 遂城 秦築長城之所起 鏤方 駟望
>
> 낙랑군(樂浪郡). 한(漢)이 설치했는데, 6개의 현(縣)을 다스리고 호(戶)는 3,700이다.
>
> 조선현(朝鮮縣) <주(周)가 기자(箕子)를 봉한 땅이다>, 둔유현(屯有縣), 혼미현(渾彌縣),
>
> 수성현(遂城縣) <진(秦)이 축성한 장성이 시작된 곳이다>, 누방현(鏤方縣),
>
> 사망현(駟望縣)이 있다.

진(秦)이 축성한 장성, 즉 만리장성이 시작된 곳은 진(晉) 평주(平州) 낙랑군(樂浪郡) 수성현(遂城縣)이라고 진서(晉書)에 분명하게 기록되어 있다.

두우(杜佑)가 진서(晉書)를 읽지 않았거나, '낙랑(樂浪) 땅까지 만리장성이 축성되었다'는 잘못된 역사 지식을 가졌다고 보기는 어렵다.

따라서 '갈석산(碣石山)은 한(漢) 낙랑군(樂浪郡) 수성현(遂成縣)에 있다'는 통전(通典)의 기록에서, '한(漢)'은 '진(晉)'의 오기(誤記)로 판단된다.

'갈석산(碣石山)이 한(漢) 낙랑군(樂浪郡) 수성현(遂成縣)에 있다'는 통전(通典)의
기록은 진(晉) 낙랑군(樂浪郡)을 한(漢) 낙랑군(樂浪郡)으로 잘못 기록한 오기(誤記)
이다.

2. 두우(杜佑)의 오기(誤記)가 한국 학계에 미친 영향

통전(通典)에는 '장성이 동쪽으로 요수(遼水)를 끊고 고구려(高句麗)로 들어간 흔적
이 아직도 남아 있다'고 기록되어 있다.

현(現) 요하(遼河)를 요수(遼水)로 인식한 학자들은 만리장성이 요하(遼河) 동쪽 낙랑
(樂浪) 땅까지 축성되었다고 믿었다.

그 결과, 낙랑(樂浪) 땅으로 비정된 한반도 내부에까지 만리장성을 그려 넣은 역사
지도들이 제작되는 황당한 일이 벌어졌다.

더불어 '낙랑(樂浪) 땅은 한반도 대동강(大同江) 유역'이라는 일본 제국주의의 고대
사 교육은 정약용의 아방강역고(我邦疆域考) 등 조선(朝鮮) 학자들의 주장을 그대로
따른 것임에도, 일제는 역사 왜곡의 주범으로 낙인찍혔다.

그런데 같은 논리와 관점에서 위치만 다르게 제시되는 일이 일어났다.

갈석산(碣石山)은 한(漢) 낙랑군(樂浪郡) 수성현(遂成縣)에 있다고 믿는 일부 한국 학
자들이 명(明)의 역사 왜곡 이후, 처음으로 갈석(碣石)이라 불리기 시작한 현(現) 하북
성(河北省) 진황도시(秦皇島市)의 갈석산(碣石山) 일대를 한(漢) 낙랑군(樂浪郡) 수성현
(遂成縣)이라고 주장하고 나선 것이다.

이러한 주장은 한반도 내에 한(漢) 낙랑군(樂浪郡) 수성현(遂成縣)을 비정하고 그곳까
지 만리장성을 그려 넣은 역사지도만큼이나 어처구니없는 일이다.

그 이유는 다음과 같다.

첫째, 진황도시(秦皇島市)의 갈석산(碣石山)은 명(明)의 역사 왜곡 결과물이며, 그곳을 진짜 갈석산(碣石山)이라고 믿는다면 스스로 역사 왜곡의 도구가 되는 것이다.

둘째, 한(漢) 낙랑군(樂浪郡) 수성현(遂成縣)에는 애초에 갈석산(碣石山)이 존재하지 않는다.

셋째, 만리장성동단(萬里長城東端)은 고조선(古朝鮮) 멸망 전에 축성이 완료되었기 때문에 애초에 고조선(古朝鮮)의 수도가 위치한 한(漢) 낙랑군(樂浪郡)의 영토까지 축성될 수 없다.

넷째, 사기(史記)에 '만리장성은 낙랑(樂浪) 땅이 아닌 요동(遼東) 땅까지 축성되었다'고 분명하게 기록되어 있다.

사기(史記)의 기본적인 이론체계가 부정된다면 후대에 편찬된 고중국(古中國)의 정사서(正史書)는 모두 연구할 가치를 잃어버리게 된다.

사마천(司馬遷)은 '한(漢)과 고조선(古朝鮮) 간 국경은 패수(浿水)이며, 패수(浿水) 서쪽에는 요동고새(遼東故塞)가 위치하고, 패수(浿水) 동쪽에는 진(秦)의 영토였던 진고공지(秦故空地)가 위치한다'고 분명하게 기록했다.

그리고 '진고공지(秦故空地) 동쪽에는 요동외요(遼東外徼)가 위치한다'고 기록하면서 '만리장성은 요동(遼東)까지 축성되었다'고 기록하였으니 만리장성은 진요동(秦遼東)이었던 진고공지(秦故空地)까지 축성되었음이 명백하다.

더불어 요동외요(遼東外徼)를 넘어선 곳에 한(漢) 낙랑군(樂浪郡)의 영토가 있었음이 명확한데 어떻게 장성이 진요동(秦遼東)을 뛰어넘고 다시 요동외요(遼東外徼)를 뛰어넘어 한(漢) 낙랑군(樂浪郡)의 영토까지 축성될 수 있겠는가?

따라서 '만리장성동단(萬里長城東端)이 위치한 곳이 진요동(秦遼東)이 아닌 한(漢) 낙랑군(樂浪郡)의 영토였다'는 주장은 비학문적이며 터무니없는 억지일 뿐이다.

3. 명(明) 전략가들의 역사 왜곡

역사가의 오기(誤記) 하나가 만리장성동단(萬里長城東端)의 진요동(秦遼東)을 낙랑(樂浪) 땅으로 둔갑시키는데, 국가 차원에서 역사 왜곡을 한다면 어떻게 될까?

우선 명(明)이 국가 차원에서 역사 왜곡에 나선 배경은 무엇일까?

AD 1368년, 명(明)은 몽골족(蒙古族) 왕조(王朝)인 원(元)을 몽골 고원으로 밀어냈으며, 고려(高麗) 또한 원(元)의 영토로 편입된 고려서경(高麗西京), 즉 현(現) 요양시(遼陽市) 일대를 수복할 기회를 잡았다.

그러나 고려(高麗)의 위화도회군(威化島回軍)으로 인해, 명(明)은 현(現) 요양시(遼陽市) 일대를 자국의 영토로 편입할 수 있었다.

명(明)은 고려(高麗)의 영토였던 현(現) 요양시(遼陽市) 일대를 고중국(古中國)의 영토로 영구히 유지하기 위한 정통성을 확보하고자 역사 왜곡을 자행했다.

명(明)은 당시의 요하(遼河)를 넘어선 지역까지 명장성(明長城)을 축성했고, 요하(遼河)를 난하(灤河)로 개칭했다.

이것으로 명(明)의 은밀한 역사 왜곡이 본격화되었다.

동북아고대사정립 2의 학설77) 에 의하면

> 낙랑(樂浪) 땅까지 장성을 축성한 유일한 왕조(王朝)는 명(明)이다.
> 따라서 명장성(明長城) 동쪽 관문인 현(現) 산해관(山海關)은 만리장성 동쪽 관문인
> 임유관(臨渝關)보다 더 동쪽에 위치한다.

옛 요하(遼河)가 난하(灤河)로 개칭되면 현(現) 진황도시(秦皇島市)의 산해관(山海關) 일대는 자연스럽게 한(漢) 요서군(遼西郡) 서부 지역이 되며, 현(現) 요하(遼河) 동쪽에 한(漢) 요동군(遼東郡) 양평현(襄平縣)이 위치하게 되고, 낙랑(樂浪) 땅은 현(現) 혼하(渾河) 남쪽에 비정될 수밖에 없다.

계성(薊城)이라는 행정명의 이동도 결과적으로 명(明)의 역사 왜곡을 도왔다.

학설 193) 에 의하면

> 수(隋) 시기, 현(現) 북경시(北京市) 자금성(紫禁城) 남쪽 174리(里) 지점에 위치한
> 토은현(土垠縣) 북평성(北平城)은 계성(薊城)으로 개칭되었다.

북평성(北平城)이 계성(薊城)으로 개칭되면, 현(現) 보정시(保定市)에 위치한 전국칠웅(戰國七雄) 연(燕)의 수도인 계성(薊城)도 행정명이 개칭될 수밖에 없으며, 시간이 흐르면서 결국 잊혀졌다.

우북평군(右北平郡) 토은현(土垠縣) 북평성(北平城) 또한 행정명이 계성(薊城)으로 개칭된 후 잊혀졌는데, 계성(薊城)으로 개칭되었다는 기록이 남지 않았기 때문이다.

여기에 명(明)의 역사 왜곡이 더해지면서, 학자들은 유수(濡水)로 왜곡된 현(現) 난하(灤河) 서쪽에 위치한 당산시(唐山市)에서 토은현(土垠縣) 북평성(北平城)을 찾을 수밖에 없다.

한중일학계(韓中日學界)의 통설(通說)에 의하면 토은현(土垠縣)은 현(現) 당산시(唐山市) 풍윤현(豊潤縣)이며, 토은현(土垠縣) 남쪽에 위치해야 하는 옹노현(雍奴縣)은 현(現) 천진시(天津市) 무청구(武淸區)이다.

하지만 천진시(天津市) 무청구(武淸區)에서 당산시(唐山市) 풍윤현(豊潤縣)으로 흐르는 포구수(鮑丘水)는 지형적인 이유로 존재할 수 없다.

정사서(正史書)의 거리와 지형 기록을 무시해야만 역사지명을 비정할 수 있다면, 이는 중대한 역사 왜곡의 징후이며, 집단지성(Collective Intelligence)을 통해 해결하는 것이 최선이다.

그러나 한중일학계(韓中日學界)는 유치한 논리와 무책임한 비정으로 동북아고대사(東北亞古代史)의 왜곡을 심화시키고 있다.

4. 현(現) 요하(遼河) 동쪽까지 그려진 만리장성

한중일학계(韓中日學界)는 고지도들을 근거로, '명장성(明長城) 이전에도 고중국(古中國)의 장성이 현(現) 난하(灤河)는 물론이고 현(現) 요하(遼河) 동쪽까지 축성되었다'며 필자의 주장을 반박할 것이다.

두우(杜佑)는 통전(通典) 고기주(古冀州) 편에 '진(秦)이 축성한 장성, 즉 만리장성동단(萬里長城東端)은 갈석산(碣石山)에서 시작되었으며, 고구려(高句麗)의 영토 내에 위치한다'고 분명하게 기록했다.

더불어 노룡현(盧龍縣)은 한(漢) 비여현(肥如縣)에 해당하며, 이곳의 갈석산(碣石山)은 만리장성동단(萬里長城東端)의 갈석산(碣石山)과 동일한 갈석산이 아니라고 분명하게 밝혔다.

또한 통전(通典) 고구려(高句麗) 편에 '노룡현(盧龍縣)의 갈석산(碣石山)은 우갈석(右碣石)이며, 고구려(高句麗) 영토 내에 위치한 갈석산(碣石山)은 좌갈석(左碣石)'이라고 분명하게 밝혔다.

두우(杜佑)는 노룡현(盧龍縣) 우갈석(右碣石)과 고구려(高句麗) 영토 내 좌갈석(左碣石)을 구분하면서 중국인들에게 고중국(古中國)의 동북방 한계는 우갈석(右碣石)이 아니라 좌갈석(左碣石)임을 상기시킨 것이다.

'좌갈석(左碣石)이 만리장성동단(萬里長城東端)'이라는 명확한 기록을 읽은 고중국(古中國)의 학자들이 고구려(高句麗)의 영토까지 만리장성을 그리는 것은 너무나도 당연하다.

문제는 고구려(高句麗)의 영토에 관한 고중국(古中國) 학자들의 인식이다..

역사 왜곡 후 만들어진 역사지명들로 인해 역사적 사실은 더 깊게 묻히게 되고, 결국 고중국(古中國) 학자들이 고구려(高句麗) 영토의 서쪽 한계를 어디로 인식했는지에 따라 만리장성동단(萬里長城東端)의 위치가 결정되었다.

고구려(高句麗) 영토의 서쪽 한계를 현(現) 난하(灤河) 유역으로 인식한 고중국(古中國) 학자가 그렸다면 만리장성동단(萬里長城東端)은 현(現) 난하(灤河)와 현(現) 요하(遼河) 사이에 위치할 것이다.

고구려(高句麗) 영토의 서쪽 한계를 현(現) 요하(遼河) 유역으로 인식한 고중국(古中國) 학자가 그렸다면 만리장성동단(萬里長城東端)은 현(現) 요하(遼河) 동쪽에 위치할 것이다.

현(現) 난하(灤河) 동쪽으로 뻗어나간 고지도 속 만리장성은 모두 상상의 산물로 실존했던 장성이 아니다.

상식적으로도 현(現) 요하(遼河) 동쪽까지 그려진 만리장성은 납득하기 어렵다.

첫째, 모든 정치 행위에는 목적이 있다.

고중국(古中國)이 무슨 목적으로 만주를 가로질러 현(現) 요하(遼河) 동쪽까지 장성을 축성하겠는가?

고대에 고중국(古中國) 사람들은 만주에 들어와 살지 못했다.

명(明) 시기에도 마찬가지였으며 군대를 주둔시켰을 뿐이다.

내지와 식민지는 큰 차이가 있다.

고중국(古中國)의 장성은 내지를 보호하기 위한 것이지 식민지를 보호하기 위한 것이 아니다.

둘째, 당시 고중국(古中國)이 현(現) 요하(遼河)를 가로질러 장성을 축성할 능력이 있었겠는가?

만리장성은 당산시(唐山市)까지 축성되었고 현(現) 난하(灤河)도 넘지 못했다는 것이 역사적 사실이다.

Part 2 천진시(天津市)에서 흐르는 유수(濡水)와 난하(灤河)

1. 현(現) 난하(灤河)로 잘못 비정된 유수(濡水)

2. 수경주(水經注) 유수(濡水) 편의 기록 연구

3. 유수(濡水)가 관통한 노룡새(盧龍塞)의 위치

1. 현(現) 난하(灤河)로 잘못 비정된 유수(濡水)

한중일학계(韓中日學界)의 통설(通說)에 의하면 유수(濡水)는 현(現) 난하(灤河)이다.

하지만 이는 역사적 사실이 아니다.

동북아고대사정립 2의 [석주 학설]에 의하면

> 연요동(燕遼東) ➡ 패수(浿水) ➡ 진요동(秦遼東) ➡ 현(現) 난하(灤河) ➡ 낙랑(樂浪) ➡
> 단단대령(單單大嶺) ➡ 임둔(臨屯) ➡ 진번(眞番) ➡ 한반도동해(韓半島東海)가 서쪽에서
> 동쪽 방향으로 위치한다.
> 진요동(秦遼東) · 낙랑(樂浪) · 임둔(臨屯) · 진번(眞番)은 북쪽으로 고조선(古朝鮮)의
> 일원(一員)인 예맥조선(濊貊朝鮮)과 접해 있으며, 예맥조선(濊貊朝鮮)은 북쪽으로
> 선비(鮮卑) · 부여국(夫餘國) · 읍루(挹婁)와 접해 있다.

현(現) 난하(灤河)는 패수(沛水) · 대요수(大遼水) · 요하(遼河)라 칭했던 대하천으로
패수(浿水) 동쪽에 위치한다.

한편, 요수(遼水) 또는 난하(灤河)라 칭했던 유수(濡水)는 연요동(燕遼東)인 현(現) 천
진시(天津市)에서 입해(入海)하는 대하천으로 패수(浿水) 서쪽에 위치한다.

학설 187)에 의하면

> 어양군(漁陽郡)과 우북평군(右北平郡)은 산융(山戎)의 영토였던 현(現) 북경시(北京市)에
> 위치했으며, 북경시(北京市) 동쪽에 위치한 현(現) 천진시(天津市) 북부 지역은
> 산융(山戎) 동쪽에 접해 있던 고죽국(孤竹國)의 영토였다.
> 고죽국(孤竹國)의 영토는 한(漢) 요서군(遼西郡) 서부 지역으로 승계되었다.

춘추전국(春秋戰國) 고중국(古中國)의 동북방 한계는 고죽국(孤竹國)이다.

고죽국(孤竹國) 멸망 후, 고죽국(孤竹國)의 영토는 연(燕)과 고조선(古朝鮮) 간 완충지
대(緩衝地帶)가 되었다.

완충지대(緩衝地帶)가 된 고죽국(孤竹國)의 영토, 즉 현(現) 천진시(天津市)를 고중국(古中國)은 요동(遼東)이라 칭했다.

현(現) 천진시(天津市)는 고중국(古中國) 최초의 요동(遼東)이며, 고중국(古中國) 최초의 요동(遼東) 동쪽 경계는 한(漢)과 고조선(古朝鮮) 간 국경인 패수(浿水)이다.

이후, 패수(浿水)와 현(現) 난하(灤河) 사이 고조선(古朝鮮)의 영토는 진시황(秦始皇)이 장악하면서 진요동(秦遼東)이 된다.

진시황(秦始皇)의 진요동(秦遼東)으로 인해 고중국(古中國)의 동북방 한계는 잠시 현(現) 당산시로 옮겨갔으며, 이러한 이유로 '진(秦) 시기, 요동(遼東)까지 축성되었다'는 만리장성동단(萬里長城東端)과 진(秦)의 동북방 한계를 상징하는 좌갈석(左碣石)이 당산시(唐山市)에 위치하고 있는 것이다.

반면, 고중국(古中國) 최초의 요동(遼東)인 현(現) 천진시(天津市)에는 연(燕)의 동북방 한계를 상징하는 연장성동단(燕長城東端)과 우갈석(右碣石)이 위치하고 있다.

유수(濡水) ➡ 우갈석(右碣石) ➡ 패수(浿水) ➡ 좌갈석(左碣石) ➡ 대요수(大遼水)가 서쪽에서 동쪽 방향으로 위치하며, 유수(濡水)를 현(現) 조백하(潮白河)로 가정하면 대요수(大遼水)는 현(現) 난하(灤河)이고, 유수(濡水)를 현(現) 난하(灤河)로 가정하면 대요수(大遼水)는 현(現) 요하(遼河)이다.

'진개(秦開)의 동정(東征) 이후, 대요수(大遼水) 동쪽도 고중국(古中國)의 영토였다'는 한중일학계(韓中日學界)의 통설(通說)은 필자가 동북아고대사정립 1에서 이미 논파했으며, 사료를 충분히 읽었다고 자부하는 학자들은 우선 우갈석(右碣石)까지가 고중국(古中國)의 고유영토임을 인정해야 한다.

유수(濡水) 및 우갈석(右碣石) ➡ 패수(浿水) ➡ 대요수(大遼水)가 서쪽에서 동쪽 방향으로 위치하고 있음을 인정하라는 것이다.

남은 쟁점은 '현(現) 조백하(潮白河)와 난하(灤河) 중 어느 하천이 유수(濡水)인가?'이다.

2. 수경주(水經注) 유수(濡水) 편의 기록 연구

수경주(水經注) 유수(濡水) 편에 의하면

> 濡水又東南流 武列水入焉 其水三川派合
>
> 유수(濡水)는 또한 동남쪽으로 흐르는데 무열수(武列水)가 합류한다.
>
> 무열수(武列水)는 3개의 하천이 합쳐진 것이다.

무열수(武列水)는 유수(濡水)의 지류라고 기록되어 있다.

동북아고대사정립 1의 [유미 학설]에 의하면

> 요수(遼水)에서 개칭된 유수(濡水) ➡ 패수(浿水) ➡ 패수(沛水)에서
>
> 개칭된 대요수(大遼水) ➡ 전한낙랑군패수(前漢樂浪郡浿水) ➡
>
> 후한낙랑군패수(後漢樂浪郡浿水)가 서쪽에서 동쪽 방향으로 위치한다.

유수(濡水)와 대요수(大遼水) 사이에 패수(浿水)가 위치하는데, 유수(濡水)의 지류인 무열수(武列水)를 대요수(大遼水) 동쪽 지류인 열수(列水)와 동일한 하천으로 오인한 학자가 있다.

북한의 이지린(李址麟) 박사이다.

이지린(李址麟) 박사는 유수(濡水)와 현(現) 난하(灤河), 즉 대요수(大遼水)를 동일한 하천으로 오인했으며, 현(現) 난하(灤河)와 요수(遼水)를 동일한 하천으로 오인했다.

두 가지 오인이 결합되면서, 이지린(李址麟) 박사는 대요수(大遼水) 서쪽에 위치한 패수(浿水)를 대요수(大遼水) 동쪽으로 밀어냈고, '패수(浿水) 서쪽 무열수(武列水) 일대가 고조선(古朝鮮)의 영토였다'는 잘못된 이론체계를 수립하였다.

이지린(李址麟) 박사의 주장은 결국 '요수(遼水) 유역까지도 고조선(古朝鮮)의 영토였다'는 것이다.

사기(史記)와 염철론(鹽鐵論)에 의하면 요수(遼水) 일대는 명백하게 고중국(古中國)의 고유영토이다.

정사서(正史書)에 '한(漢)과 고조선(古朝鮮) 간 국경인 패수(浿水) 서쪽에 고조선(古朝鮮)의 영토가 존재했다'는 기록은 단 한 줄도 없다.

그러나 이지린(李址麟) 박사가 요수(遼水)를 현(現) 조백하(潮白河)가 아닌 현(現) 난하(灤河)로 잘못 비정하면서, 아이러니하게도 그 결과물인 '현(現) 난하(灤河) 유역이 고조선(古朝鮮)의 영토였다'는 주장은 역사적 사실에 부합한다.

또한 이지린(李址麟) 박사는 '고조선(古朝鮮)이 서방 영토를 상실했으며, 한(漢)과 고조선(古朝鮮) 간 국경인 패수(浿水)는 현(現) 난하(灤河)와 요하(遼河) 사이에서 흐르는 대릉하(大凌河)'라고 주장했다.

동북아고대사정립 1의 [명환 학설]에 의하면

> 유수(濡水) ➡ 연장성동단(燕長城東端) 양평현(襄平縣)과 요동고새(遼東故塞)
> ➡ 패수(浿水) ➡ 만리장성동단(萬里長城東端)이 위치한 진고공지(秦故空地) ➡
> 대요수(大遼水) ➡ 요동외요(遼東外徼) ➡ 전한낙랑군패수(前漢樂浪郡浿水) ➡
> 후한낙랑군패수(後漢樂浪郡浿水)가 서쪽에서 동쪽 방향으로 위치한다.

유수(濡水), 즉 요수(遼水)를 현(現) 난하(灤河)와 동일한 하천이라고 주장하면서 패수(浿水)를 대릉하(大凌河)로 비정했기 때문에 이지린(李址麟) 박사의 이론체계는 결국 한중일학계(韓中日學界)의 이론체계와 다를 바 없다.

대요수(大遼水) 동쪽 낙랑(樂浪) 땅에서 흐르는 하천인 열수(列水)가 패수(浿水) 서쪽에 위치한다는 그의 주장은 더더욱 역사적 사실이 아니다.

북한학계(北韓學界)는 '한(漢)과 고조선(古朝鮮) 간 국경인 패수(浿水)를 현(現) 난하(灤河)와 요하(遼河) 사이에서 흐르는 대릉하(大凌河)'라고 주장하고 있는데, 이는 이지린(李址麟) 박사의 주장을 따르고 있는 것이다.

대릉하(大凌河)는 낙랑(樂浪) 땅에서 임둔(臨屯) 땅을 향해 동쪽으로 흐르는 하천으로 후한낙랑군패수(後漢樂浪郡浿水)는 될 수 있지만 결코 한(漢)과 고조선(古朝鮮) 간 국경인 패수(浿水)는 될 수 없는 하천이다.

윤내현(尹乃鉉) 박사 또한 유수(濡水)와 현(現) 난하(灤河), 즉 대요수(大遼水)를 동일한 하천으로 오인했으며, 현(現) 난하(灤河)와 요수(遼水)를 동일한 하천으로 오인했다.

두 가지 오인이 결합되면, 이지린(李址麟) 박사처럼 한(漢)과 고조선(古朝鮮) 간(間) 국경인 패수(浿水)를 현(現) 난하(灤河) 동쪽에 비정할 수밖에 없게 된다.

그러나 윤내현(尹乃鉉) 박사는 '패수(浿水)가 현(現) 난하(灤河)'라는 난하패수설(灤河浿水說)을 주장했다.

요수(遼水)와 패수(浿水)가 모두 현(現) 난하(灤河)라는 난하패수설(灤河浿水說)은 정사서(正史書)의 기록에 부합(附合)하지 않는 이론체계이다.

두 분 모두 잘못된 결론을 도출했지만, 사료를 바탕으로 논증을 통해 과거를 그려내고자 하는 진정한 역사가의 면모는 충분히 보여주었다.

수경주(水經注) 유수(濡水) 편에 의하면

濡水又東南 逕盧龍塞
濡水又東南 逕盧龍故城東漢建安十二年 魏武征踢頓所築也
유수(濡水)는 또한 동남쪽으로 흘러 노룡새(盧龍塞)를 지난다.
유수(濡水)는 또한 동남쪽으로 흘러 노룡고성(盧龍故城) 동쪽을 지난다.
한(漢) 건안(建安) 12년에 위무제(魏武征)가 답돈(踢頓)을 정벌하고 쌓은 곳이다.

유수(濡水)가 남쪽으로 노룡새(盧龍塞)를 넘어 연요동(燕遼東)으로 들어왔다.

위무제(魏武征), 즉 조조(曹操)가 답돈(踢頓)을 정벌하고 쌓은 노룡고성(盧龍故城)이 유수(濡水) 서쪽에 위치하고 있다.

조조(曹操)는 유수(濡水) 서쪽 서무산(徐無山)에서 노룡새(盧龍塞)를 나간 뒤, 평강현(平剛縣)을 지나 백랑현(白狼縣)으로 진군했다.

<학설 195) 에 의하면

> 한(漢) 우북평군(右北平郡) 무종현(無終縣)과 서무현(徐無縣)의 영토는
> 자금성(紫禁城)이 축성된 순주(順州)의 영토로 승계되었다.
> 자금성(紫禁城) 기준 무종성(無終城)은 서남쪽에,
> 서무성(徐無城)은 동남쪽에 위치한다.

노룡고성(盧龍故城)과 서무산(徐無山)은 유수(濡水) 서쪽에 인접해 있다.

수경주(水經注) 유수(濡水) 편에 '노룡새(盧龍塞)를 넘어 노룡고성(盧龍故城) 동쪽을 지난 유수(濡水)에 황락수(黃洛水)가 합류하는데, 황락수(黃洛水)는 노룡산(盧龍山)에서 출발하여 남쪽으로 흘러 유수(濡水)로 들어간다'고 기록되어 있다.

요사지리지(遼史地理志) 남경석진부(南京析津府) 편에 의하면 노룡산(盧龍山)이 있고 황락수(黃洛水)가 흐르는 곳은 난주(灤州)이다.

난주(灤州)를 흐르는 하천이 된 유수(濡水)는 이후 난하(灤河)로 개칭되었으며, 난주(灤州)는 요(遼) 남경석진부(南京析津府) 속주(屬州)이기 때문에 난주(灤州) 난하(灤河)는 당장성(唐長城) 내에서 흐른다.

당장성(唐長城) 내에서 흐르는 난하(灤河)와 요(遼) 동경요양부(東京遼陽府)에서 흐르는 현(現) 난하(灤河)는 동일한 하천이 될 수 없다.

> <학설 197)
> 난주(灤州)는 요(遼) 남경석진부(南京析津府) 속주(屬州)이기 때문에 난주(灤州)
> 난하(灤河)는 당장성(唐長城) 내에서 흐른다.
> 요(遼) 남경석진부(南京析津府)에서 흐르는 난하(灤河)와 요(遼)
> 동경요양부(東京遼陽府)에서 흐르는 현(現) 난하(灤河)는 동일한 하천이 될 수 없다.

요사지리지(遼史地理志) 남경석진부(南京析津府) 편에 의하면

> 灤州 本古黃洛城 灤河環繞 在盧龍山南 齊桓公伐山戎 見山神俞兒 即此
>
> 난주(灤州), 본래 옛 황락성(黃洛城)인데 난하(灤河)가 고리처럼 두르고 흐르며
>
> 노룡산(盧龍山) 남쪽에 있다. 제(齊) 환공(桓公)이 산융(山戎)을 정벌한 후, 산신(山神)
>
> 유아(俞兒)를 보았는데 이곳이다.

제(齊) 환공(桓公)이 산신(山神) 유아(俞兒)를 본 곳은 요(遼) 난주(灤州)이다.

제(齊)와 연(燕)의 연합군이 현(現) 북경시(北京市)의 정치세력인 산융(山戎)을 정벌한 후, 현(現) 천진시(天津市)의 정치세력인 고죽국(孤竹國)을 정벌하기 위하여 동쪽으로 진군하던 중에 발생한 일이다.

제(齊) 환공(桓公)은 요(遼) 난주(灤州)에서 흐르는 하천인 난하(灤河), 즉 유수(濡水)를 건너 고죽국(孤竹國)을 멸망시켰다.

수경주(水經注) 유수(濡水) 편에 의하면

> 濡水東南流 逕樂安亭南 東與新河故瀆合 瀆自雍奴縣承鮑丘水 東出
>
> 謂之鹽關口
>
> 유수(濡水)는 동남쪽으로 흘러 낙안정(樂安亭) 남쪽을 지나고 동쪽으로 흘러
>
> 신하고독(新河故瀆), 즉 신하(新河)의 옛 독(瀆)에 합류한다.
>
> 신하고독(新河故瀆)은 옹노현(雍奴縣)에서 포구수(鮑丘水)를 잇고 동쪽으로 나가는데
>
> 이를 염관구(鹽關口)라고 한다.

'조조(曹操)가 답돈(蹋頓)을 정벌한 후, 신하고독(新河故瀆)을 만들었다'고 기록되어 있는데, 독(瀆)은 바다로 직접 들어가는 하천을 뜻한다.

북경시(北京市) 남쪽에 옹노현(雍奴縣)이 위치했으며, 옹노현(雍奴縣) 동쪽에 해(海)라고 불리운 늪지대가 있었다.

따라서 현(現) 보정시(保定市)에서 천진시(天津市) 북부 지역까지 연결되는 독(瀆)은 옹노현(雍奴縣) 동쪽의 늪지대 같은 해(海) 북쪽에 만들어져야 한다.

이 늪지대 같은 해(海) 북쪽에는 포구수(鮑丘水)가 동쪽으로 흘렀다.

신하고독(新河故瀆)은 옹노현(雍奴縣) 서북쪽에서 동쪽으로 흐르는 포구수(鮑丘水)를 활용하여 전쟁 물자를 실은 선박이 항해할 수 있도록 인공적으로 만든 수로(水路)인 것이다.

수경주(水經注) 유수(濡水) 편에 '신하고독(新河故瀆)은 동북쪽으로 흘러 어양군(漁陽郡)의 포구수(鮑丘水)와 우북평군(右北平郡)의 경수(庚水) 그리고 요서군(遼西郡)의 유수(濡水)를 끊고 요서군(遼西郡) 해양현(海陽縣)에서 동쪽으로 흘렀다'고 기록되어 있다.

유수(濡水)를 현(現) 난하(灤河)로 가정할 경우, 신하고독(新河故瀆)은 천진시(天津市)와 당산시(唐山市)를 가로지른 뒤 진황도시(秦皇島市)에 도달해야 하는데, 이는 터무니없는 주장이다.

신하고독(新河故瀆)은 북경시(北京市) 남쪽에 위치한 옹노현(雍奴縣)을 기점(起點)으로 현(現) 천진시(天津市)의 바다와 연결된 것이다.

학설 198)

조조(曹操)가 포구수(鮑丘水)를 활용하여 보정시(保定市)와 천진시(天津市)가 연결되는 신하고독(新河故瀆)을 만들었다.
수경주(水經注)에 의하면 신하고독(新河故瀆)은 유수(濡水)를 끊고 천진시(天津市) 바다에 입해(入海)했기 때문에, 신하고독(新河故瀆)이 관통한 유수(濡水)는 현(現) 난하(灤河)가 아니라 조백하(潮白河)이다.

AD 207년, 조조(曹操)는 창해(滄海)에 접해 있는 류현(絫縣)을 방문했으며, 창해(滄海)에 잠겨 있는 갈석산(碣石山)을 내려다보면서 다음과 같은 문구로 시작되는 관창해(觀滄海)라는 시를 남겼다.

> 東臨碣石 以觀滄海
>
> 동(東)으로 갈석(碣石)을 내려다보고 창해(滄海)를 바라보니

'臨'은 '내려다보다'라는 뜻이 있으며, 창해(滄海)는 당시 바다였던 현(現) 천진시(天津市) 남부 지역이다.

수경주(水經注) 유수(濡水) 편에 의하면

> 今自孤竹南出則巨海矣 而滄海之中山望多矣 昔在漢世海水波襄吞食地廣
>
> 當同碣石苞淪洪波也.
>
> 지금 고죽(孤竹)에서 남쪽으로 가면 거해(巨海)이다.
>
> 그리고 창해(滄海)에 보이는 산이 많은데, 한(漢) 시기, 해수(海水)가 일어나 땅을 삼킨
>
> 곳이 넓으니 당연히 갈석(碣石)도 물결에 잠겼을 것이다.

수경주(水經注) 저자 역도원(酈道元)이 '고죽(孤竹)에서 남쪽으로 가면 창해(滄海)가 있다'고 기록했는데, 유수(濡水)가 흐르는 고죽(孤竹)의 갈석(碣石)은 류현(絫縣) 갈석산(碣石山)이다.

역도원(酈道元)은 '창해(滄海)에 보이는 산이 많다'고 하면서 '한(漢) 시기, 해수(海水)가 일어나 땅을 삼킨 곳이 넓으니 당연히 갈석(碣石)도 물결에 잠겼을 것'이라 기록했다.

한(漢) 시기, 해일(海溢)이 발생해 류현(絫縣) 갈석산(碣石山) 일대는 창해(滄海)에 잠겼으며, 류현(絫縣) 갈석산(碣石山)은 바위섬처럼 바다에 떠있는 모습이었던 것이다.

학설 199)

유수(濡水)가 입해(入海)한 창해(滄海)는 현(現) 천진시(天津市) 남부 지역이다.

한(漢) 시기, 해일(海溢)이 발생해 류현(絫縣) 갈석산(碣石山)은 창해(滄海)에

잠겼으며, 바위섬처럼 바다에 떠있는 모습이었다.

수경주(水經注) 유수(濡水) 편에 '우북평군(右北平郡) 여성현(驪成縣)에 대갈석산(大碣石山)이 있는데, 한(漢) 무제(武帝)가 대갈석산(大碣石山)에 올라 거해(巨海)를 바라보고 돌에 새겼다'고 기록되어 있다.

진개(秦開)의 동정(東征) 이전, 연(燕)의 갈석(碣石)은 여성현(驪成縣) 대갈석산(大揭石山)으로, 연(燕)의 동쪽 관문이었던 유관(楡關)과 인접해 있으며, 현(現) 북경시(北京市)와 천진시(天津市)의 경계에 위치한 산(山)이다.

여성현(驪成縣) 대갈석산(大碣石山)에서는 창해(滄海), 즉 현(現) 천진시(天津市) 남부 지역이 내려다보였음을 알 수 있다.

수경주(水經注) 저자 역도원(酈道元)은 여성현(驪成縣) 대갈석산(大碣石山)과 류현(絫縣) 갈석산(碣石山)에 대해서만 기록했는데, 북위(北魏) 시기, 역도원(酈道元) 생애에는 임유현(臨渝縣) 갈석산(碣石山)이 고구려(高句麗) 영토 내에 위치했기 때문이다.

3. 유수(濡水)가 관통한 노룡새(盧龍塞)의 위치

삼국지(三國志) 위서(魏書) 전주전(田疇傳)에 의하면 조조(曹操)의 군대는 현(現) 북경시(北京市) 남부 지역에 위치한 무종현(無終縣)에 도착했다.

당시 북경시(北京市) 남부에서 동쪽으로 향하는 큰 길은 홍수로 막혔으며, 샛길은 오환(烏丸)이 차단하여 지키고 있어 조조(曹操)의 군대는 진군할 수 없었다.

'조조(曹操)는 서무산(徐無山)에서 노룡새(盧龍塞)를 나온 뒤, 평강현(平剛縣)을 지나 백랑퇴(白狼堆)에 올랐는데, 유성현(柳城縣)에서 200여 리(里) 떨어진 지점에 이르렀을 때, 오환(烏丸)이 이 사실을 알았고 접전(接戰)을 벌였다'고 기록되어 있다.

이하, 서무산노룡새(徐無山盧龍塞) 출구라 칭한다.

우북평군(右北平郡) 백랑산(白狼山)과 요서군(遼西郡) 유성현(柳城縣) 간 거리는 200여 리(里)임을 알 수 있다.

삼국지(三國志) 위서(魏書) 무제기(武帝記) 편에 '노룡새(盧龍塞)를 나오니 새(塞) 밖의 길이 끊어져 통하지 않았기에 500여 리(里)에 걸쳐 산을 파고 계곡을 메꾸어, 백단(白檀)을 지나 평강현(平綱縣)에 이르렀'고 기록되어 있다.

그리고 '평강현(平剛縣)을 지난 후 백랑산(白狼山)에 올라 접전(接戰)을 벌였다'고 기록되어 있다.

평강현(平綱縣)과 백랑산(白狼山) 간 거리를 150리(里)로 가정하면 서무산노룡새(徐無山盧龍塞) 출구에서 유성현(柳城縣)까지의 거리는 후한(後漢) 기준척(基準尺)으로 900리(里) 전후이다.

당(唐) 기준척(基準尺)으로는 600리(里) 전후이다.

900리(里) 중 500여 리(里)가 험난한 산악지대임을 감안하면 유성현(柳城縣)은 현(現) 승덕시(承德市) 서부 지역을 벗어날 수 없다.

명장성(明長城) 축성 후, 유수(濡水)라는 역사지명이 본래 위치인 현(現) 조백하(潮白河)에서 현(現) 난하(灤河)로 옮겨지면서 조백하(潮白河) 서쪽에 위치한 서무산노룡새(徐無山盧龍塞) 또한 현(現) 난하(灤河)의 관문인 희봉구관(喜峰口關)으로 잘못 비정되었다.

이러한 이유로 현(現) 북경시(北京市) 동남부 지역 서무산노룡새(徐無山盧龍塞)에서 현(現) 승덕시(承德市) 서부 지역 유성현(柳城縣)까지의 조조(曹操)의 북진(北進)은 현(現) 희봉구관(喜峰口關)에서 현(現) 조양시(朝陽市)까지의 동진(東進)으로 각색되었다.

> 학설 200)
>
> 서무산노룡새(徐無山盧龍塞) 출구는 현(現) 조백하(潮白河) 서쪽에 위치하며, '조조(曹操)의 북정(北征)은 희봉구관(喜峰口關)에서 조양시(朝陽市)까지'라는 한중일학계(韓中日學界)의 통설(通說)은 역사적 사실이 아니다.
> 조조(曹操)의 북정(北征)은 현(現) 북경시(北京市) 동남부 지역에서 현(現) 승덕시(承德市) 서부 지역에 위치한 유성현(柳城縣)까지이다.

동북아고대사정립(東北亞古代史正立) 3을 마치며

중국인들도 결국 동북아고대사정립(東北亞古代史正立) 시리즈를 읽게 될 것입니다.

다르게 해석될 여지가 없는, '참'이 오직 하나인 역사적 사실들을 탐구한 책이기 때문입니다.

필자가 동북아고대사(東北亞古代史) 연구를 시작하게 된 계기는 '왜곡된 동북아고대사(東北亞古代史)는 [첫 번째] 동북아 평화에 해악이 되고 [두 번째] 이로 인해 중국과 한국 간 전쟁이 발발할 수 있으며 [세 번째] 남북한 통일에 걸림돌이 될 수 있다'는 필자의 염려를 불식시키고 싶었기 때문입니다.

연구 결과, 필자는 '현(現) 조백하(潮白河)와 난하(灤河) 사이에 한(漢)과 고조선(古朝鮮) 간 국경인 패수(浿水)가 위치한다'는 역사적 사실을 알게 되었습니다.

하지만 '현(現) 난하(灤河) 유역은 고죽국(孤竹國)의 영토였다'는 한중일학계(韓中日學界)의 통설(通說) 또한 현(現) 난하(灤河) 유역의 지명과 유적 그리고 후대의 기록이 완벽하게 뒷받침하기 때문에 필자는 연구 결과를 함부로 공개할 수 없었습니다.

'현(現) 난하(灤河) 서쪽에 한(漢)과 고조선(古朝鮮) 간 국경인 패수(浿水)가 위치한다'는 역사적 사실이 한국학계(韓國學界)의 통설(通說)이 되어도 '중국학계(中國學界)가 이를 수용하지 않으면서 중국과 한국 간 역사전쟁이 일어나는 것은 필연'이라는 생각이 들었기 때문입니다.

이러한 이유로 한국학계(韓國學界)와 더불어 중국학계(中國學界)도 납득시키겠다는 일념으로 중국의 고대사까지 연구하게 되었으며, 결국 '유수(濡水)는 현(現) 난하(灤河)와 동일한 하천이 아니다'라는 역사적 사실을 논증하기에 이르렀습니다.

이는 역사적 사실을 밝히려는 연구의 결과물이며, 동북아 평화에 이바지 하는 것이 목적인 바, 의도적으로 중국의 고대사를 짓밟고 있다는 오해가 없기를 바랍니다.

동북아고대사정립 3

초판 1쇄 발행 2025년 5월 2일

지 은 이 김석주
발 행 처 동북아고대사정립
펴 낸 이 김석주
편집 · 표지디자인 (주)카리스북

주   소 경기도 파주시 심학산로 423번길 21-9, 202호(목동동)
출판등록 제2023-000072호
연 락 처 카카오톡 ID: sukju69
이 메 일 benjamin797979@naver.com
홈페이지 http://upright.kr

ISBN 979-11-983791-2-2(03910)
값 18,000원